Creative
Thinking

크리에이티브
씽킹의 기술

창의력도
공부하면 늡니다

정병익 지음

미래의창

스티브 잡스가 발휘한 창의력의
60% 이상을 내 것으로 할 수 있다면

보스턴컨설팅그룹BCG, Boston Consulting Group에서 다양한 고객들에게 경영 컨설팅을 제공할 때였습니다. 고객들은 하나같이 참신한 컨설팅을 받고 싶어 하면서도 "그런데 저는 그다지 창의적인 사람이 아니에요"라고 말하곤 했습니다. 창의성은 특별한 사람들만이 지닌 선천적인 능력이라 생각하는 고객들이 많았습니다.

창의력은 정말로 선천적인 능력일까요? 솔직히 어느 정도는 그렇습니다. 일란성 쌍생아가 이란성 쌍생아보다 유사한 직업을 선택하는 비율이 높다는 연구 결과도 있고, 어릴 때부터 탁월한 창의력을 보여주는 천재들이 존재했던 것도 사실입니다. 하지만 창의력은 선천적 재능보다 후천적 노력에 훨씬 큰 영향을 받습니다. 이는 BCG와 솔브릿지국제경영대학을 거치며 다양한 기업, 공공기관, 대학에서 수천 명을 대상으로 창의력 훈련을 제공한 끝에 제가 내린 결론입니다. 창의력은 특별한 사람들만의 전유물이 아니며, 누구나 훈련을 통해 발전시킬 수 있는 능력입니다.

한 예로, BCG의 한 컨설턴트는 프로젝트를 진행할 때마다 창의적 해결책을 찾아내며 특출한 능력을 보여주곤 했습니다. 그는 이렇게 말했습니다.

"사람들은 제가 디자이너 출신이라는 이유로 창의적인 사람이라고 오해합니다. 사실 저는 디자이너 중에서는 정말 평범한 사람이었는데 말이죠. 제 창의성의 원동력은 MBA 과정에서 알게 된 여러 비즈니스 사례 연구와 디자인 씽킹에 로지컬 씽킹을 접목한 데 있습니다."

BCG와 솔브릿지국제경영대학을 거쳐 동명대학교에서 로지컬 씽킹, 디자인 씽킹을 공부하고 강의할 수 있었던 것은 큰 행운이었습니다. 그리고 마침내 로지컬 씽킹과 디자인 씽킹을 융합하면서 후천적인 창의력 훈련법을 집대성할 수 있었습니다. 그 결과가 바로 '크리에이티브 씽킹'입니다. 이 크리에이티브 씽킹은 여러분을 다른 어떤 방법보다 더 빠르고 확실하게 창의적인 사람으로 만들어줄 것입니다.

1부 '크리에이티브 씽킹'에서는 로지컬 씽킹과 디자인 씽킹을 접목해 크리에이티브 씽킹 사고법을 익힐 수 있도록 돕습니다. 여러분은 기존의 틀에 갇혀 있을지 모릅니다. 이제 새로운 틀을 만들고 그 안에서 누구도 생각하지 못했던 것을 창출하는 기술이 필요합니다. 로지컬 씽킹과 디자인 씽킹은 BCG에서 고객들에게 제공했던 창의성 컨설팅을 독자 여러분이 쉽게 자기 것으로 만들 수 있도록 가공하여 제공합니다.

다음으로 2부 '크리에이티브 씽킹의 CMSI 모델®'에서는 실제 사례를 바탕으로 혁신가들이 창의적으로 일하는 다양한 방법을 소개합니다. 'CMSI 모델®'은 제가 고안한 사고법으로, 수만 명을 대상으로 한 창의력 강의와 강연을 통해 완성된 매우 효과적인 크리에이티브 씽킹 방법론입니다.

마지막으로 3부 '크리에이티브 씽킹 확산하기'에서는 크리에이티브 씽킹을 통해 일과 삶에서 실질적인 성과를 내는 방법을 다룹니다. 크리에이티브 씽킹의 최종 목표는 여러분의 탁월한 성과이며, 이를 위해 '성과를 내는 조직(PROFIT-UNIT)' 훈련법도 함께 다룹니다.

또한 창의력 훈련에 도움이 될 수 있도록 크리에이티브 씽킹을 실천한 이들의 흥미로운 창의성 사례를 수록하였으며, 이를 통해 재미와 영감까지 얻을 수 있을 것입니다.

여러분이 스티브 잡스가 될 필요는 없습니다. 하지만 스티브 잡스처럼 창의적인 사고력을 갖출 수 있다면, 여러분의 삶과 일에 큰 변화를 가져올 수 있을 것입니다. 크리에이티브 씽킹에 익숙해진다면 천재의 6할을 따라잡는 것은 누구에게나 가능한 일입니다. 평범한 사람도 천재의 30%에 해당하는 창의력을 가지고 있습니다. 그에 더해 크리에이티브 씽킹은 잠재된 창의력을 30% 이상 발휘하도록 도울 것입니다. 결과적으로 여러분은 스티브 잡스가 가진 창의력의 60% 이상을 발휘할 수 있게 됩니다.

후천적인 창의력 개발은 이미 여러 기업에서 전략적으로 추진하고 있습니다. IBM은 '이노베이션 잼' 전략을 통해 직원들의 창의적 아이디어를 수집하고 이를 실제 혁신으로 연결했습니다. 넷플릭스는 '규칙 없음'이라는 자유로운 문화를 통해 창의적인 업무 환경을 조성했으며, 구글은 '20% 법칙'을 통해 직원들이 창의성을 발휘할 수 있는 시간을 보장함으로써 조직 전반의 혁신을 촉진했습니다.

저는 경영 컨설턴트로 일을 시작했지만 지금은 동명대학교의 부산국제대학 초대 학장으로 학생들을 가르치고 있습니다. 이 학교는 크지 않지만 캠퍼스 곳곳에서 전에 없던 창의성으로 혁신을 만들어가고 있습니다. 동명대학교의 창의와 혁신 문화는 동명목재를 설립하여 1968년 대한민국 수출왕을 기록한 설립자 강석진 회장으로부터 시작되었습니다. 현재 동명대 운동장에서는 창단 2개월 만에 전국대회를 제패한 축구팀이 창의적인 전술 훈련을 하고 있으며, 강의실에서는 3무(無) 교육(무학년, 무티칭, 무학점)이 성공적으로 정착되고 있습니다. 전호환 총장을 비롯한 대학 구성원들은 반려동물대학을 개설하고 시니어를 위한 공동체 대학(UBRC)을 추진하고 있습니다. 이 모두 창의적인 개인들이 모여 조직을 창의적으로 변화시켰기에 가능했습니다.

크리에이티브 씽킹의 가장 큰 장점 중 하나는 창의성 확산입니다. 이 책은 여러분과 여러분의 조직이 크리에이티브 씽킹을 통해 몇 단계 더 도약하는 계기를 마련해줄 것입니다.

우리는 그동안 늘 정답을 찾기 위해 공부하고 일했습니다. 그래서 어른이 되면서 창의력이 점차 약화되었습니다. 하지만 지금은 AI 시대입니다. 정답으로 가는 길이 정해진 문제는 AI에게 맡기세요. 여러분은 크리에이티브 씽킹으로 AI가 할 수 없는 일을 할 수 있게 될 것입니다. 그것이 창의적인 인간으로서 여러분의 새로운 기회이며 가능성입니다.

이 책을 읽고 실천하는 과정에서 매일 조금씩 발전하는 창의력을 느끼게 될 것입니다. 각 장마다 제시된 훈련법을 통해 여러분은 창의적인 사고의 근육을 꾸준히 키워갈 수 있습니다. 그렇게 쌓인 노력은 크리에이티브 씽킹을 통해 폭발적인 창의력 성장을 이루는 데 기여할 것입니다.

　여러분의 창의적 여정을 진심으로 응원합니다.

2024년 11월
정병익

차례

프롤로그 · 4

스티브 잡스가 발휘한 창의력의 60% 이상을 내 것으로 할 수 있다면

1부. 크리에이티브 씽킹

기존 틀을 넘어서는 사고의 기술

01 — **챗GPT와의 대결에서 지지 않으려면**

그래서 창의성이 대체 뭔데? 21 | 정답이 있는 문제는 이제 AI에게 맡기세요
27 | 틀을 깨고 나갈 수 없다면? 30 | 잠자는 창의성의 DNA에 불을 붙여라 35
| 창의성 = 선천적 70% + 후천적 30% 38 | 뇌를 1%라도 더 사용하는 비법
42 | 여기까지 읽었다면 이미 창의성의 세계에 들어온 것입니다 45

02 — **AI에게는 불가능하지만 인간은 가능한 창의성 영역**

우리 뇌에서 일어나는 창의성의 화학작용 50 | 23전 23승, 불가능을 가능케
한 창의성 54 | 창의성의 함수는 인간의 영혼에서만 일어나는 연금술 55

03 — **관점을 뒤집어야 새로운 무언가가 보인다**

그래서, 도대체 내가 어떻게 창의성을 발휘할 수 있는데? 59 | 낯익은 것이 여러분을 유혹한다면 61 | 관점 뒤집기는 이렇게 해보세요 65

제임스 다이슨 × 심미안과 기술력을 지닌 양손잡이 창의성 · 69

04 — **크리에이티브 씽킹: 로지컬 씽킹과 디자인 씽킹의 융합**

등산화와 쌍안경 81 | 로지컬 씽킹: 문제를 잘게 쪼개다보면 핵심이 나온다 84 | 디자인 씽킹: 고객 입장에서 '왜? 그래서 뭐가? 그게 진짜야?'라고 생각해보기 92 | 크리에이티브 씽킹: 로지컬 씽킹과 디자인 씽킹의 시너지 101

미야모토 시게루 × 일상의 경험을 통찰력으로 승화시키는 창의성 · 106

2부. 크리에이티브 씽킹의 CMSI 모델®
혁신가들이 창의적으로 일하는 방식

⚙ 크리에이티브 씽킹을 위한 CMSI 모델® · 120

05 – Ⓒ 창의성을 여는 5가지 열쇠: 독창성에서 정교함까지

창의성 드라이버: OFFES 127 | 독창성 130 | 유창성 132 | 융통성 137 | 정교함 139 | 민감성 141 | 창의성 레버: 전문 지식, 동기 부여, 창의적 사고 능력 142

안도 다다오 × 불완전함을 예술로 만드는 창조적 건축가 · 145

06 – Ⓜ 생각의 도약: 마인드셋의 힘

1. 경이감과 호기심을 잃지 마세요 156 | 2. 공감하고 집착하세요 158 | 3. 디테일에서 시작하되 숲을 보세요 161 | 4. 끝까지 팔을 뻗으세요 165 | 5. 상상하기를 즐기세요 168 | 6. 경계를 뛰어넘는 연결적 사고를 해보세요 176 | 7. 비유법의 달인이 되어보세요 180 | 8. 오감을 통해 사고하세요 188

07 – Ⓢ 창의성의 도구들: 기획에 탁월한 실전 스킬셋

1. 세밀히 관찰해 봅시다 196 | 2. 엉뚱한 질문을 던져보세요 200 | 3. 언제 어디서든 메모를 남기세요 204 | 4. 끝내주는 것을 모방해 보세요 206 | 5. 아이디어는 질보다 양이 우선입니다 209 | 6. 손으로 만들 수 없는 아이디어는 좋은 아이디어가 아니다 211

08 – Ⓘ 비즈니스 인사이트: 이전에 없던 생각의 탄생

그래서 통찰력이 정확히 뭔데? 223 | 통찰력의 종류와 비즈니스 능력 224 | 후견지명과 선견지명 그리고 통찰력 226 | 비즈니스 세계에서의 통찰력과 그 적용 228 | 왜 비즈니스의 통찰력인가? 230

3부. 크리에이티브 씽킹 확산하기

09 — 크리에이티브 씽커들은 어떻게 소통할까?

브레인트러스트 239 | 창의적인 조직의 창의성 회의 4단계 241 | 크리에이티브 씽커들의 시너지 효과 243 | 유능한 팀장보다 다양한 팀원이 필요한 이유 245 | 창의성을 키우는 4단계 협업 방식 247 | 픽사에서 찾은 크리에이티브 씽커의 리더십 248 | 어떤 일을 하든, 창의적이어야 하는 이유 251

태양의서커스 × 끝없이 진화하는 조직의 창의성 · 254

10 — 성과를 내는 조직의 크리에이티브 씽킹 전략

1. 재미와 유머Playfulness & Humor 264 | 2. 위험 수용성Risk Taking 266 | 3. 토론 자율성Openness to Debate 268 | 4. 업무재량권Freedom 269 | 5. 아이디어 지원Idea Support 270 | 6. 도전 수용성Trust & Adaptability 272 | 7. 업무 소유 의식 Unconditional Ownership 273 | 8. 갈등Negation 274 | 9. 아이디어 시간Idea Time 276 | 10. 조직 역동성Thrust & Traction 278

1부

크리에이티브 씽킹

기존 틀을 넘어서는 사고의 기술

01

챗GPT와의 대결에서
지지 않으려면

우리는 AI가 생각지 못한 사고와
성공 규칙Rule of the Game을 만들어야 합니다.
그리고 우리가 잊지 말아야 할 것은
'가장 인간적인 속성이
AI를 이기게 한다'는 사실입니다.
바로 그 가장 인간적인 속성은
단연코 창의성입니다.
'모두 알고 있는 정답'은
이제 인간만의 장점이 아닙니다.

챗GPT는 미국 로스쿨 입학 시험, 와튼 MBA 기말시험, 의사 면허 시험까지 합격할 정도로 그 실력이 상상 이상으로 고도화되었습니다. 개발자처럼 코딩을 하고 시·논문·기사까지 척척 써냅니다. AI는 이제 텍스트뿐 아니라 이미지를 만들어내고 동영상을 편집하고 노래를 작사·작곡까지 합니다. 2023년, S&P 글로벌 마켓 인텔리전스의 〈디스커버리 리포트Discovery Report〉라는 보고서에 따르면 (S&P글로벌이 조사한) 전 세계 기업 가운데 69%가 적어도 하나 이상의 AI 서비스를 업무에 활용하고 있다고 합니다.

세계경제포럼도 AI와 새로운 기술들이 전 세계적으로 거의 모든 직종에서 직업 환경을 크게 변화시킬 것이라고 내다봤습니다. 고객서비스는 다양한 부문에서 이미 AI로 대체되고 있으며 제조와 물류도 AI가 탑재된 로봇 시스템에 의해 '최적화'되고 있습니다. 금융 분야도 AI의 데이터 분석, 리스크 평가에 의지하기 시작했습니다. 교실에서도 학생들은 AI를 통해 공부합니다. 당장 2025년부터 국내 3,000개 이상 학교에 AI교과서가 도입됩니다.

그렇다면 인간의 노동 중 어떠한 영역이 남을까요? 우리는 미래에 어떤 노동 행위에 보상을 받을 수 있을까요?

결국 인간의 영역은 '사고하는 역량'이 될 것입니다. 더 구체적으로 말하자면 'AI가 모방할 수 없는 사고'일 것입니다.

그럼 'AI가 모방할 수 없는 사고'란 구체적으로 어떻게 정의할 수 있을까요?

그에 관한 답은 다음 세 가지 질문에서 찾을 수 있습니다.

첫째, AI보다 인간인 내가 더 잘할 수 있는 영역이 무엇이고, 얼마나 오래 지속될 것인가? 둘째, AI와 인간의 협업이 각자 따로 일할 때보다 더 나은 결과를 낼 수 있는 분야는 무엇인가? 셋째, 인간의 우위가 얼마나 오래 지속될 것인가?

결론적으로, 'AI가 모방할 수 없는 사고'란 AI가 아직 생성해내지 못하는 것을 우리 인간이 먼저 생각해내는 인간 고유의 창의성을 뜻합니다. 그리고 이 창의성이야말로 AI와의 경쟁에서 승리할 수 있는 가장 치명적인 무기가 됩니다. 이는 생각하는 힘을 다시 키워야하는 이유이기도 합니다.

생각하는 힘은 지금부터라도 소중하게 사용해야 합니다. AI가 여러분 자신보다 낫다고 생각하나요? 결코 그렇지 않습니다. AI의 '정보 생성'은 어차피 우리 인간이 쌓아온 데이터에 기반한 것일 뿐이니까요. 스스로 보기에, 자신은 생각하는 힘이 부족한 것 같나요? 정말 그렇더라도, 걱정할 것 없습니다. 아직 늦지 않았으니까요. 생각의 힘은 충분히 강하게 만들 수 있습니다.

그래서 창의성이 대체 뭔데?

창의적 발상의 대가 로저 본 외흐Roger von Oech는 《1%의 생각법》과 《생각의 혁명》에서 기하급수적으로 발전하는 현실에서 살아내는 데 필요한 가치는 단연코 '창의성'이라고 강조했습니다. 창의성은 생각과 감정, 복합적 사고를 하는 인간의 고유한 영역이기 때문에 기술적 알고리즘으로는 해결할 수 없는 부분이기 때문입니다.

 창의성이 인간의 가장 큰 특징이라면, 반짝이는 아이디어를 떠올리는 사람과 그렇지 못하는 사람은 어떤 차이가 있을까요? 반짝이는 아이디어의 근원이 창의성이라면, 이런 사고법은 어떻게 가능할까요? 우리 뇌와 창의성을 자극하는 퀴즈를 하나 풀어볼까요?

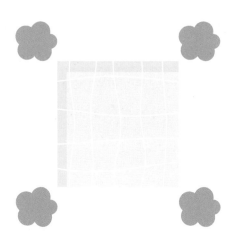

한 가족이 정원에 정사각형 모양의 수영장을 가지고 있습니다. 수영장의 모서리에는 네 그루의 나무가 있죠. 이 가족은 수영장의 사각형 형태를 유지하면서 그 면적을 두 배로 크게 만들고 싶습니다. 하지만 나무는 베지 않고 그대로 두어야 합니다. 이 가족은 이 문제를 어떻게 해결할 수 있을까요?

머릿속에 당장 떠오른 생각은 아래 세 개 중 하나일 수 있습니다.

'나무가 있는 곳을 섬처럼 남겨두고 주위를 파자.'

'수영장의 깊이를 두 배가 되도록 만들자.'

'미끄럼틀이 있는 이층 수영장은 어때?'

물론 위의 아이디어는 훌륭하고 그럴듯하지만 큰 공사가 될 겁니다. 여기 더 간단한 해결책이 있습니다.

답은 그림처럼 정사각형 모양을 45° 회전한 모양으로 만드는 것입니다. 그러면 두 배 크기의 수영장을 나무 사이에 만들 수 있습니다.

어떤가요? 수영장이 이미 사각형이다보니 각각의 변이 기존과 같은 방향의 사각형만 생각하기 십상인데, 다이아몬드 형태의 사각형을 구상하면 훨씬 더 큰 가능성이 보입니다.

자, 그럼 우리 뇌를 조금 더 자극하기 위해 퀴즈를 하나 더 풀어볼까요?

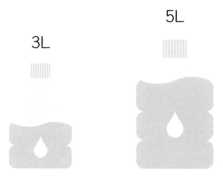

3L 5L

눈앞에 저울과 연결된 시한폭탄이 있습니다. 저울 위에 정확히 물 4리터를 올려놓아야 시한폭탄의 시계가 멈춥니다. 그런데 여러분에게 주어진 물통은 3리터짜리와 5리터짜리입니다. 시한폭탄이 터지기까지 시간은 줄고 있고, 줄행랑을 치면 자동으로 터집니다. 자, 이제 어떻게 물 4리터를 만들 건가요?

답을 알아내셨나요? 아래의 답이 여러분이 생각한 방법과 같은지 확인해보세요.

① 5리터 물통에 물을 가득 채운다.
② 5리터 물통 속의 물을 3리터 물통에 가득 붓는다. 그러면 5리터 물통에는 2리터의 물이 남고 3리터 물통은 가득 찬다.
③ 3리터 물통의 물을 모두 버린다.

④ 5리터 물통에 남은 2리터의 물을 텅 빈 3리터 물통에 붓는다. 이제 5리터 물통은 비어 있고, 3리터 물통에는 2리터의 물이 차 있다.

⑤ 5리터 물통에 다시 물을 가득 채운다.

⑥ 5리터 물통에 가득 찬 물을 3리터 물통에 가득 찰 때까지 붓는다. 3리터 물통에는 이미 2리터의 물이 있으므로 5리터 물통에서는 1리터만 빠져 나간다.

결과적으로 5리터 물통에는 4리터의 물이 남게 된다.

⑦ 정확히 4리터만의 물이 채워진 5리터짜리 물통을 저울 위에 올려놓는다.

자, 이렇게 하면 정확히 4리터의 물로 시한폭탄의 시계를 멈출 수 있습니다.

그런데 답은 이것 하나가 아닙니다. 다른 방법도 있습니다.

① 3리터 물통을 가득 채운다.

② 3리터 물통의 물을 5리터 물통에 붓는다. 이제 5리터 물통에는 3리터의 물이 남아 있다.

③ 3리터 물통에 다시 물을 가득 채운다.

④ 3리터 물통의 물을 5리터 물통이 가득 찰 때까지 붓는다.

5리터 물통에는 이미 3리터의 물이 있으므로 2리터만 부을 수 있으니, 3리터 물통에는 1리터의 물이 남는다.

⑤ 5리터 물통을 비운다.

⑥ 3리터 물통에 남은 1리터의 물을 텅 빈 5리터 물통에 붓는다. 이제 5리터 물통에는 1리터의 물이 담겨 있다.

⑦ 3리터 물통을 다시 가득 채운다.

⑧ 3리터 물통의 물을 5리터 물통에 붓는다. 그러면 5리터 물통에는 이제 모두 4리터의 물이 담기게 된다.

⑨ 정확히 4리터만의 물이 채워진 5리터짜리 물통을 저울 위에 올려놓는다.

이처럼 창의력에 관련된 문제의 정답은 하나가 아닙니다.

우리는 이제 주어진 문제를 다른 방향으로 보는 연습을 할 겁니다.

물론 이런 의문이 들 수 있어요. '문제를 창의적으로 푸는 능력이 왜 필요한 걸까?'

정답이 있는 문제는 이제 AI에게 맡기세요

일리노이공과대학 교수 제러미 알렉시스Jeremy Alexis는 창의적 생각을 '퍼즐'과 '미스터리'에 비유하곤 합니다. 지금까지 세상이 우리에게 던진 질문은 일정 시간 동안 수학과 과학적 사고를 통해 해결할 수 있는 퍼즐이었습니다. 하지만 미래의 문제는 어떨까요? 그건 마치 새끼 고양이가 엉망으로 꼬아버린 털실 뭉치처럼 뒤엉킨 미스터리일 것입니다.

AI 시대가 도래하면서 우리가 지금까지 경쟁해왔던 방식과 승리 공식은 의미가 없어졌습니다. 기업과 조직이 요구하는 인재상과 역량 역시 획기적으로 바뀐 겁니다.

지금 자기가 하고 있는 일은 퍼즐에 가까운가요? 아니면 미스터리에 가까운가요?

만약 퍼즐을 열심히 푸는 일을 하고 있다면 그 일에 미스터리를 추가하세요. 쉽게 말해, 퍼즐 풀기는 챗GPT 같은 기계에게 양보하고 자신만이 만들어낼 수 있는 창의성을 한 스푼 첨가하세요. 그래야 자신이 하는 일의 가치가 살아나고 챗GPT와의 경쟁에서 한발 앞서 자신만의 창의성을 구축할 수 있습니다.

챗GPT가 잘하는 퍼즐 푸는 일만 존재하는 운동장에서는 우리가 챗GPT와 같은 AI에게 결코 이길 수 없습니다. 사칙연산과 정보처리 능력에서 AI가 인간보다 훨씬 빠르고 정확합니다. 우리는 AI와 다른 운동장에서 뛰어놀아야 합니다. AI가 생각지 못한 사고와 성공 규칙Rule of the Game을 만들어야 합니다. 여기서 우리가 잊지 말아야 할 것은 '가장 인간적인 속성이 AI를 이기게 한다'는 것입니다. 그리고 바로 그 가장 인간적인 속성은 단연코 창의성일 것입니다.

'모두 알고 있는 정답'은 이제 인간의 장점이 아닙니다. 예를 하나 들어보죠. 제2차 세계대전 당시 미군은 한 심리학자와 전직 공군 장성에게 공군 조종사 선발을 맡겼습니다. 그리고 얼마의 시간이 흐른 후, 심리학자는 자신이 선발한 조종사의 사상율이 전직 공군 장성이 선발한 이들보다 압도적으로 높다는 사실을 발견합니다.

원인은 '매뉴얼'에 있었습니다. 심리학자는 조종사 면접에서 "독일군이 대공포를 쏘면 어떻게 하겠는가?"라고 질문했고 "비행 고도를 올리겠습니다"라고 답한 '상식적인 지원자'를 뽑았습니다.

반면에 전직 공군 장성은 "고도를 내리겠습니다" 혹은 "급히 좌우로 선회해 피하겠습니다"라는 오답을 말한 이들을 선발했습니다. 당시 독일군은 미군 항공기의 대공포 회피 패턴을 파악하고 있었고, 미군 항공기들이 고도를 높이기를 기다렸다가

조준 사격을 했습니다. 결과적으로 '매뉴얼', 즉 모범답안은 어느 순간부터 답이 아니게 되었습니다.

이런 사례는 얼마든지 있습니다. 2016년, 구글 딥마인드가 개발한 '알파고'와 세계 최고의 바둑 기사 이세돌 9단의 대국이 있었습니다. 이 대국은 AI의 능력을 전 세계에 알린 역사적인 사건이었습니다.

알파고는 수많은 기보를 학습하여 '정답'에 가까운 수를 두었고, 결과적으로 4승 1패로 이세돌 9단을 이겼습니다. 그러나 4국에서 이세돌 9단은 기존의 정석을 벗어난 '신의 한 수'를 두었습니다. 이는 알파고가 예측하지 못한 창의적인 수였고 구글 관계자는 "알파고가 당황했다"라고 털어놨습니다. 결과적으로 4국은 인간의 승리로 막을 내렸습니다.

이 사건 이후, 바둑계는 큰 변화를 겪었습니다. 기존의 정석과 매뉴얼에만 의존하던 기사들은 더 이상 경쟁력을 갖기 어려워졌습니다. 그 대신에 AI를 활용하면서도 그것을 뛰어넘는 창의적인 수를 구사하는 기사들이 주목받기 시작했습니다.

특히 현재 한국을 대표하는 바둑기사 박정환 9단은 2018년 월드바둑챔피언십에서 우승한 직후 "AI를 이용해 학습하지만, 결국 승부를 결정짓는 것은 인간만이 낼 수 있는 창의적인 수"라고 밝혔습니다. 그는 AI의 제안을 기본으로 삼되, 그것을 뛰어넘는 독창적인 전략으로 승리를 거둔 것이죠.

이처럼 AI 시대에 들어선 지금, 단순히 정답을 아는 것만으로는 충분하지 않습니다. 예측 불가능한 상황에서 창의적인 해결책을 내놓는 것, 기존의 시스템에서 벗어나 혁신적인 아이디어를 제시하는 인간 고유의 영역이 필요합니다.

단순히 정보를 암기하거나 정해진 매뉴얼을 따르는 것을 넘어서야 합니다. 끊임없이 창의성을 개발하고 혁신적인 사고를 할 수 있어야 합니다. 이것이 바로 AI와 공존하면서도 인간만의 가치를 지킬 수 있는 길입니다.

자, 정답이 있는 문제는 이제 AI에게 물려주세요. 인간은 기계가 할 수 없는 창의적이고 때론 무모하리만치 비규칙적인 아이디어를 내야 합니다. 이를 위해서는 '문제'를 이전과 달리 새로운 시각으로 볼 필요가 있습니다.

틀을 깨고 나갈 수 없다면?

미국의 언어학자 조지 레이코프George Lakoff 박사는 사람들에게 "지금부터 코끼리를 생각하지 마세요"라고 주문했더니 모두 코끼리를 생각했다고 합니다. 박사의 말을 듣는 순간부터 이미 코끼리는 우리의 머릿속에 들어온 것입니다. 이것은 우리가 세상을 인식하는 방식이나 방향이 생각의 구조, 틀에 의해 결정된다는 것을 알 수 있습니다.

그렇습니다. 우리들 머릿속에는 관습적으로, 혹은 경험적으로 주어진 정보나 경험을 구조화하는 이른바 '틀'을 짜는 경향이 있습니다. 혹자는 이를 이른 관성이나 선입견이라 부르기도 하지만, 이러한 틀이 없다면 복잡한 현대 사회를 살아가기 너무 힘들 것이기 때문에 반드시 필요한 역량입니다.

하지만 기존의 생각의 틀은 창의적 사고를 저해하는 요소임에 분명합니다. 그렇다면 어떻게 해야 할까요? 누군가는 "틀에 얽매이지 말고 생각하라Think out of the box"라고 합니다. 하지만 한편으로는 이만큼 무책임한 게 없는 것 같습니다.

차라리 "새로운 틀 안에서 생각하라Think in the new box"라는 말이 더 적절한 주장일 수 있습니다. 어차피 틀에서 벗어나 생각하는 게 어렵다면 기존의 틀이 아니라 새로운 틀을 만들고 그 안에서 다시 생각해보자는 것이죠. 관습적으로 생각하는 것을 '의식적'으로 거부하고, 기존의 상자를 허물고, 새로운 상자를 창의적으로 만들어낸 다음, 그 안에서 기존과 다른 사고를 해보는 겁니다. 그럼 한번 연습해볼까요?

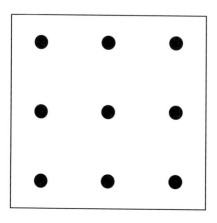

다음 9개의 점을 4개의 직선만을 이용해서 연결해보세요.

　1914년, 미국의 퀴즈 전문가 샘 로이드Sam Loyd가 소개한 '아홉 개의 점 잇기' 문제입니다. 쉽지 않죠? 한번 직접 그려보세요. 어떤 결과가 나올지 궁금하네요. 많은 사람들이 오랫동안 생각을 해보지만 답이 안 나올 수 있는데요, 그나마 극소수의 사람들은 이러한 해답을 생각해냅니다.

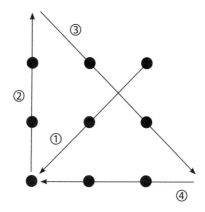

직선이 점 밖으로 나가면 안 된다는 고정관념만 깬다면 간단히 풀 수 있는 문제입니다. ②와 ④는 서로 순서가 바뀌어도 상관없습니다. 직선이 점 밖으로 나가도 된다는 발상을 할 수 있다면 이 방법 외에도 다른 풀이를 얼마든지 찾아낼 수 있습니다.

자, 그렇다면 이제 4개보다 적은 선으로 9개의 점을 연결하는 방법은 없을까요? 조금 더 창의적인 사람은 3개의 선으로 연결하거나 혹은 아예 면으로 덮어 버릴 수도 있습니다. 혹은 입체적으로 종이를 구겨서 연결하는 방법도 가능합니다.

①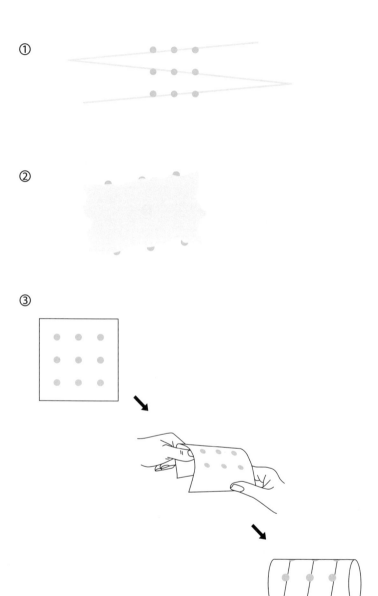

②

③

잠자는 창의성의 DNA에 불을 붙여라

우리 인간은 모두 창의성을 가지고 태어납니다. "왜 학교에 가야 해요?", "왜 밤 12시까지 놀면 안 되나요?". "왜 나는 달나라에 갈 수 없나요?"라고 묻는 아이들처럼 우리 모두는 실험정신과 도전정신이 가득한 어린 시절을 겪어왔습니다.

그러나 나이가 들고 사회생활을 하면서 창의성을 점점 잃어버렸습니다. 논리적으로 올바른 답을 찾는 법을 배울 뿐, '정상적인 범위'를 벗어나는 창의적인 답을 구하는 법은 배우지 않았기 때문입니다.

우리 대부분은 자신이 창의적인 아이디어를 꺼냈을 때 다른 사람들로부터 '그건 절대 안 될 거야'라든지 '그건 이미 해봤어'라는 핀잔을 들어봤을 것입니다. 더군다나 효율성을 중시하는 현대사회에서는 한걸음 물러서서 창의적으로 생각하는 법이 사치처럼 보이기도 합니다.

하지만 어린 시절, 인형과 장난감 그리고 반려동물과 곤충을 마치 친구처럼 의인화해 대화하고 공감하며 무한한 상상의 나래를 펼쳤던 것처럼 우리 몸속 어딘가에는 창의성이 박혀 있습니다. 다만 자주 꺼내보지 않고 사용하지 않다 보니 잊었을 뿐이죠. 이제 다시 창의성의 근육을 꺼내서 써보면 어떨까요?

10년 만에 창고에서 자전거 꺼내서 타본다고 생각해보세요. 자전거를 꺼낼 용기를 내는 것은 어려울지 모릅니다. 하지만 우리 몸은 자전거 타는 법을 여전히 기억하고 있지요. 창의성도 마찬가지입니다. 꺼낼 용기를 발휘하기까지가 힘들 뿐, 창의성의 페달을 밟아서 앞으로 나아가는 것은 생각보다 어렵지 않습니다.

레오나르도 다빈치, 아인슈타인, 스티브 잡스, 베토벤, 파스퇴르 같은 인물들은 소위 창의적 천재입니다. 하지만 우리도 저들처럼 될 수 있습니다. 아니, 그들이 잘 닦아놓은 창의성의 도로를 따라 창의성의 근육을 키워낼 수 있으니 오히려 더 수월할 겁니다. 우리는 창의성을 발휘하여 '유레카'를 외칠 수 있습니다.

마르셀 비히는 제2차 세계대전 직후 볼펜 특허로 유명한 소비재 회사 빅BIC을 세운 사람입니다. 처음에 그는 빅을 저가 볼펜 판매를 전문으로 하는 문구 회사로 키울 생각이었습니다. 1940년대 후반부터 1970년대 초반까지 빅의 경영진은 '저가의 일회용 플라스틱 필기도구'라는 틀 속에서 혁신적인 제품을 개발하는 데 대부분의 시간을 보냈습니다.

빅의 직원들은 다양한 색깔의 볼펜을 선보이고, 펜에 금빛 장식을 넣는가 하면 갖가지 광고 로고를 붙이기도 했습니다. 이렇게 사업이 순항하는데도 불구하고 빅의 직원들은 자신의 기업이 더욱 성장하기를 원했습니다.

여러 부서의 직원들이 모여 크기가 다르거나 색깔이 다채로운 펜, 지울 수 있거나 눈에 보이지 않는 잉크를 사용하는 펜을 만들자는 제안을 내놓는 초기 브레인스토밍 장면이 눈앞에 그려지나요?

하지만 빅의 한 임원이 조심스럽게 라이터 제조를 검토해보자는 제안을 내놨을 때, 다들 어떤 반응을 보였을지 상상해보시죠.

훗날 빅은 볼펜 제조회사를 넘어 온갖 일회용품과 저가 플라스틱 물품 디자인 및 제조회사로 성장했지만, 그런 관점의 전환을 꾀하기 전까지 '라이터 제조'라는 아이디어는 가당치 않았을 겁니다.

마침내 빅은 기업의 정체성을 '필기구'에서 '일회용'으로 바꾸기로 했습니다. 세상이 바뀌어서 빅에서 일하는 이들의 생각도 바뀐 것이었을까요? 결코 아닙니다. 사실 당시 세상에서 바뀐 것은 크게 없었습니다. 플라스틱 면도기와 라이터도 이미 존재했습니다.

하지만 빅의 직원들이 정신적 도약을 일으키자 다른 영역으로의 사업 확장은 큰 전환점을 맞이했습니다. 이들은 공격적인 기세로, 도발적인 광고를 내보내면서 1973년에 최초의 일회용

라이터를 선보였고 이어 1975년에는 일회용 면도기를 출시했습니다. 결과적으로 빅은 휴대용 라이터 분야에서 세계적인 선도기업으로 부상했고 훗날 일회용 면도기 시장에서도 세계 2위 자리를 차지했습니다.

새롭고 가치 있는 틀을 창조한 빅의 일화는 우리가 유레카 순간이라고 부르는 매우 좋은 사례입니다. 변화의 물결을 타고 상황을 자신에게 유리하게 활용하면서 새로운 것을 장악할 때, 유레카 순간이 찾아옵니다. '틀에서 벗어나느니 차라리 새로운 틀을 만들어라'라는 말, 기억하시나요? 새로운 틀이란, 이렇게 관점과 전략에서 새로운 전환을 꾀할 때 만들어지는 것입니다.

창의성 = 선천적 70% + 후천적 30%

창의적인 것의 본질은 무엇일까요? 창의성은 어떻게 해야 발휘할 수 있을까요?

많은 이들은 창의성을 타고나는 것, 즉 재능이라고 생각합니다. 아주 틀린 말은 아닙니다. 하지만 창의성은 분명 후천적 요인도 무시할 수 없습니다.

우리 주변에서는 한 가정에서 같은 직업을 가진 사람들이 여러 명 나오는 경우를 종종 볼 수 있습니다. 특히 미술과 같이 창의성이 중요시되는 분야에서 이러한 현상이 두드러집니다. 이에 대해 우리는 몇 가지 의문을 제기할 수 있습니다. 이것이 단순히 연고주의의 결과일까요? 아니면 특정한 교육 방식의 영향일까요? 혹은 유전적 요인이 작용한 것일까요?

〈행동유전학Behavioural Genetics〉이라는 저널에 흥미로운 연구 결과가 게재된 적이 있습니다. 이 연구는 창의성을 발현하는 요인이 DNA 안에 존재하는지를 확인하고자 했습니다. 영국 옥스퍼드대학교와 네덜란드 암스테르담 자유대학교VU University Amsterdam 의 연구팀은 네덜란드의 쌍생아 출생 기록부를 분석했습니다. 이 자료에는 유전자가 완전히 같은 일란성 쌍생아 1,800쌍과 유전자가 절반만 같은 이란성 쌍생아 1,600쌍의 데이터가 포함되어 있었습니다.

이 기록부에는 쌍생아들의 직업 정보도 기재되어 있었습니다. 춤·영화·음악·연극·시각예술·글쓰기 등의 직업은 모두 예술 카테고리로 분류했습니다. 조사 표본 가운데 예술 분야에 종사하는 사람은 총 233명이었습니다. 연구팀이 주목한 점은 쌍생아 중 한 명이 예술 분야에 종사할 때, 다른 한 명도 같은 분야에서 일하고 있는지 여부였습니다.

만약 일란성 쌍생아와 이란성 쌍생아 사이에 유의미한 차이가 있다면 형제 사이의 직업적 유사성은 선천적 요인의 영향이 클 겁니다(연구진은 이 가설을 지지했습니다). 반면에 두 유형의 쌍생아 사이에 차이가 없다면, 직업적 유사성은 선천적 요인보다는 교육과 같은 후천적 요인에 의한 것일 가능성이 높다고 해석할 수 있습니다.

데이터 분석 결과, 연구팀의 예상이 적중했습니다. 일란성 쌍생아는 이란성 쌍생아보다 직업적 유사도가 더 높았습니다. 일란성 쌍생아 중 한 명이 창의성이 필요한 직업군에 속했을 때, 다른 한 명도 동일 직업군에 속할 확률은 무려 68%에 달했습니다. 반면 이란성 쌍생아의 경우 이 확률은 40%였습니다.

이러한 결과는 유전자가 창의성을 요하는 직업 선택에 상당한 영향을 미친다는 것을 시사합니다. 연구팀에 따르면, 창의성이 필요한 직종에서 유전적 요인의 영향력은 약 70%에 이릅니다. 더 세부적으로 살펴보면, 암스테르담 자유대학교 연구팀은 문학 같은 창의적 글쓰기의 경우 유전력이 83%까지 작용하며, 미술과 연기는 56%의 유전력이 작용한다고 분석했습니다.

유전력이 70%의 영향력을 미친다는 사실은 창의성이 상당 부분 선천적으로 결정된다는 것을 의미합니다. 하지만 동시에 이는 성격적 특징, 환경적 요인 등 다른 요소들도 30%가량의 영향을 미친다는 뜻이기도 합니다. 따라서 창의적인 직업을 가지려 한다면, 자기계발을 통해 재능의 절반에 해당하는 성과를 거둘 수 있습니다. 이는 분명 희망적인 메시지입니다.

"창의성은 태어날 때부터 정해진다." 이런 말을 들으면 어떤가요? 기분이 좋지 않지요. 실망감을 느낄 수도 있습니다. 하지만 이를 오히려 긍정적으로 받아들여 보는 것은 어떨까요?

곰곰이 생각해보세요. 선천적으로 탁월한 창의성을 타고난 사람은 전체 인구의 10%도 되지 않을 것입니다. 이제 주변을 둘러보세요. 정말로 창의적인 일을 하는 사람이 얼마나 있나요? 절대 따라잡을 수 없을 정도로 뛰어난 창의성을 가진 사람은 또 몇 명이나 되나요? 아마도 손에 꼽을 정도일 것입니다.

결과적으로 대부분의 사람은 비슷한 수준의 창의성을 가지고 태어납니다. 중요한 것은 그 기본적인 창의성을 바탕으로 열심히 두뇌를 단련하고 창의적 사고를 훈련하는 일입니다. 이러한 후천적인 노력을 통해 우리는 다른 사람보다 더 창의적인 사고를 할 수 있습니다.

그렇다면 우리 뇌는 어떻게 해야 창의적으로 단련할 수 있을까요? 이 질문에 대한 답은 여러분이 AI를 이길 수 있도록 돕는 길로 인도할 겁니다.

뇌를 1%라도 더 사용하는 비법

자, 우선 뇌 사용량에 관한 오해부터 바로잡아야 할 것 같습니다. 뇌과학자들의 연구 결과에 따르면 "인간은 뇌의 10% 미만만 사용한다"는 주장은 과학적 근거가 없는 낭설이라고 합니다. 실제로 지금 이 순간에도 독자 여러분은 뇌의 전 영역을 고루 사용하고 있습니다.

인간의 뇌는 약 860억 개의 신경세포(뉴런)로 구성되어 있으며, 매 순간 2~5%의 신경세포가 동시에 활성화됩니다. 하지만 이것이 뇌 사용량이 10% 미만이라는 의미는 아닙니다. 왜냐하면 활성화되는 뇌 영역이 계속해서 바뀌기 때문입니다. 결과적으로 거의 모든 뇌 신경세포가 사용되고 있다고 볼 수 있습니다.

'그래서 창의성은 대체 언제 발휘할 수 있는 건데?'라고 생각한다면 잠시 그 조급함은 넣어두세요. 지금은 창의성을 키우기 위한 준비운동 단계입니다. 불필요해 보이지만, 적당한 준비운동 없이는 뇌의 효율이 떨어집니다.

우선 필요 없는 것부터 치워봅시다. 그 첫째는 정보 과잉입니다. 테드TED 콘퍼런스의 창시자 리처드 워먼Richard Wuman이 말한 바와 같이 현대인들은 단 하루 만에, 17세기 영국인들이 평생 접하는 것보다 많은 양의 정보를 접합니다. 이렇게 많은 정보는 우리의 결정을 어렵게 만듭니다.

　정보란 다다익선이 아니냐고요? 어느 수준까지는 그렇지만, 많은 정보는 오히려 우리 뇌에 독이 됩니다. 2008년 정보통신정책연구원의 연구에 따르면, 정보 과잉을 경험한 사람들은 의사 결정을 유보하거나 분석력 저하 현상을 보이는 경향이 있다고 합니다(벌써 20년 가까이 지난 연구 결과이니 지금은 어느 정도나 심각할까요?).

　'주의 지속 시간'이 급격히 짧아지고 있는 현상도 주목해야 합니다. 2017년 영국의 연구 결과에 따르면 현대인의 주의 지속 시간은 평균 5분 7초로, 10년 전의 12분에서 크게 줄어들었습니다. 당신은 20대인가요? 축하합니다. 당신의 주의 집중력은 30, 40대보다 현저하게 짧습니다. 만약 당신이 10대라면, 주의 지속 시간이 1분에도 미치지 못할 가능성이 있습니다.

　이러한 결과는 디지털 네이티브 세대를 중심으로 텍스트보다 영상 매체에 더 익숙해진 현상을 반영합니다. 디지털 환경으로의 급속한 전환은 정보 소비 패턴에도 큰 변화를 가져왔습니다. 2023년을 기준으로 종이책 이용률은 50.7%나 감소한 반면, 유튜브 등 영상정보 이용은 68.8%, 인터넷 검색을 통한 정보 읽기는 61.4% 증가했습니다.

　이런 세상은 우리가 사고하는 방식과 정보를 처리하는 능력에 큰 악영향을 미칩니다. 물론 쉽고 빠른 정보 습득은 장점처럼 보일지 모릅니다. 하지만 깊이 있는 사고와 분석 능력을 잃어버린다면, 수많은 정보가 다 무슨 소용이 있을까요?

더욱 짧아지는 주의 지속 시간, 순식간에 지나가는 영상들, 정보는 많아지지만 생각하는 시간과 그 깊이가 하찮게 변하는 지금 같은 시대에 우리는 어떻게 해야 창의성과 사고력을 키울 수 있을까요?

창의성 되찾기 준비운동

- 의식적인 '딥 리딩' 습관을 기르세요. 즉, 긴 글을 집중해서 읽어보세요. 곧 깊이 있는 사고력을 키울 수 있습니다.

- 디지털 디톡스 시간을 가지세요. 정기적으로 디지털 기기를 멀리하고 자신의 생각에 집중하는 시간을 가져보세요.

- 다양한 분야의 지식을 찾아보세요. 관심 분야를 넘어 다양한 주제에 대해 공부하면 창의적 사고력을 높일 수 있습니다.

- 명상·마인드풀니스를 연습하세요. 집중력과 주의력을 향상시키는 데 도움이 됩니다.

- 창의적인 활동을 해보세요. 그림 그리기, 글쓰기, 악기 연주는 우리 뇌를 자극하는 더없이 좋은 방법입니다.

- 잠을 충분히 주무세요. 질 좋은 수면은 뇌의 정보 처리와 기억력 향상에 필수적입니다.

여기까지 읽었다면
이미 창의성의 세계에 들어온 것입니다

"책을 왜 읽나요? 유튜브에서 찾아보면 되잖아요?"

아주 틀린 말은 아닙니다. 어쩌면 현대 사회에서 정보 소비 방식의 변화를 단적으로 보여주는 예라고도 할 수 있으니까요. 하지만 영상을 볼 때와 책을 읽을 때의 경험은 매우 다르다는 점을 잊어서는 안 됩니다.

영화를 예로 들어보죠. 영화를 볼 때 우리는 화면에 몰입합니다. 영상은 쉴 새 없이 이미지와 정보를 쏟아냅니다. 이 때문에 관객은 계속해서 긴장 상태를 유지해야 합니다. 이런 환경에서 깊이 있는 사고나 정보 분석이 가능할까요? 매우 어려운 일입니다.

반면에 독서는 우리가 원할 때 잠시 여유를 가질 수 있습니다. 우리는 단어와 문장 사이에서 문맥을 파악하며 내용을 이해합니다. 생각에 깊이를 더하고 정보 분석에 다양함이 생깁니다.

영상은 집중하기까지 시간이 적게 들지만, 그만큼 단기 기억으로 남고 수동적입니다. 반면에 책 읽기는 영상 보기보다 시간이 조금 더 걸리지만 장기 기억으로 이어지고 능동적입니다.

책 읽기를 강조하는 이유가 있습니다. 독서는 창의성 개발과 아주 밀접한 관계가 있기 때문입니다. 유튜브, 인스타그램, 비디오 스트리밍 서비스, OTT 플랫폼을 보는 데 하루 몇 시간을 쓰고 있나요? 우리는 모두 창의성을 가지고 태어나지만, 사회화 과정에서 그 혁신의 불꽃이 약해집니다. 그에 더해 안 그래도 약해진 불꽃이 위에서 말한 다양한 영상 미디어 때문에 마지막 힘까지 잃어버립니다.

하지만 창의성은 다시 일깨울 수 있습니다. 결코 불가능한 일이 아닙니다. '창의성', 이 한 단어를 위해 지금 이 부분까지 책을 읽었다면 여러분은 이미 창의성 개발의 영역에 진입한 것입니다. 여기까지의 독서는 비록 몇 분에 불과하지만 앞으로 펼쳐질 수많은 날들을 창의적으로 바꿔줄 위대한 시작이 될 수 있습니다.

거듭 말하지만, 창의적 사고는 결코 어렵지 않습니다. 단순한 생각과 창의적 생각의 차이를 이해하고, 혁신가들의 사고방식과 행동을 지속적으로 관찰하고 배우다 보면, 우리 안에 잠재된 혁신의 DNA가 깨어날 것입니다.

여러분 모두를 창의성의 세계로 초대합니다. 이 책의 독서를 통해, 그리고 다양한 경험을 통해 여러분의 잠재된 창의성을 깨워보세요. 그 과정에서 새로운 아이디어와 혁신적인 생각들이 크게 샘솟을 것입니다.

02

AI에게는
불가능하지만
인간은 가능한
창의성 영역

창의성은 인간 정신의 연금술입니다.
전문 지식이라는 원석, 동기라는 불꽃,
그리고 창의적 사고 능력이라는 도가니가 만나
탄생하는 황금입니다.
이 신비로운 변환의 과정은 오직
인간의 영혼에서만 일어나는 마법입니다.

"우리는 지금 세계 시장과 생산 자동화라는 새로운 시대로 진입하고 있다. 노동자가 거의 없는 경제로 향한 길이 시야에 들어오고 있다."

— 제러미 리프킨Jeremy Rifkin

위의 말은 제러미 리프킨이 《노동의 종말》이라는 책에 서술한 것입니다. 이 책이 나온 지도 벌써 30년이 지났습니다. 그 사이에 AI는 엄청난 발전을 거듭했습니다. 수많은 직업이 AI에게 대체되는 시대에는 인간만이 할 수 있는 창의적인 일이 더욱 중요해질 것입니다. 이는 단순히 직업이라는 범주에 그치지 않습니다. 우리 인간 고유의 가치와 역할 그리고 생존의 영역까지 아우릅니다.

그럼 이제 창의성이 무엇인지 정확히 정의해 봅시다.

첫째, 새로움Novelty입니다. 이 새로움이란 기존과는 다른, 독특하고 새로운 아이디어나 산출물을 만들어내는 능력입니다.

둘째, 유용성Usefulness입니다. 단순히 새로운 것이 아니라, 실제로 가치 있고 유용한 것을 창출하는 능력입니다.

셋째, 문제 해결 능력Problem Solving Skills입니다. 어떤 문제에 관해 새로운 시각을 가지고 전에 없던 해결책을 찾아내는 능력을 말합니다.

마지막으로 융합적 사고Integrative Thinking입니다. 다양한 분야의 지식과 경험을 연결하여 새로운 것을 만들어내는 능력입니다.

역사적으로 창의성의 대가들은 각자의 분야에서 기존의 틀을 깨고 혁신적인 아이디어로 전에 없던 것을 만들어냈습니다. 이들이 보여준 창의성은 다양한 성격이 있지만, 단 한 줄로 요약하자면 "새롭고 유용한 산출물을 만들어낼 수 있는 개인적인 능력"이라고 할 수 있습니다.

우리 뇌에서 일어나는 창의성의 화학작용

창의성 = f (전문 지식, 동기, 창의적 사고 능력)

위의 수식에서 'f'는 함수입니다. 수학이어서 어렵다고요? 전

혀 그렇지 않습니다. 쉽게 설명하자면, 여기서 함수는 '끝내주
는 성능의 오븐'이라고 할 수 있습니다. 즉, 재료를 넣으면 특정
한 방식으로 작업해서 요리를 내놓는 것이죠. 전문 지식을 파
스타 면, 동기를 토마토 소스, 창의적 사고 능력을 치즈로 비유
해볼게요. 이 세 재료를 넣으면 세상에 둘도 없는 창의성이라
는 이름의 치즈토마토파스타가 탄생하는 겁니다.

　여기서 창의성과 창조적 사고의 차이를 잠깐 설명해 보겠습
니다. 창의성은 독창적이고 가치 있는 결과물을 만들어내는 능
력입니다. 반면, 창조적 사고는 그 창의성을 발휘하기 위한 사
고 과정이라는 점에서 두 개념은 근본적인 차이가 있습니다.

　창의성은 단순히 세 가지 요소를 더하거나 곱한 결과가 아닙
니다. 세 가지 요소가 어우러지면 아주 특별한 것, 즉 창의성이
되는 것이죠.

　실제로 전문 지식, 동기, 창의적 사고 능력은 서로 복잡하게
얽혀 창의성에 영향을 미칩니다.

　만약 단순한 덧셈이나 곱셈으로 표현했다면, 각 요소가 독립
적으로 그리고 일정한 비율로 창의성에 기여한다고 오해할 수
있습니다. 하지만 현실에서는 이 요소들이 서로에게 영향을 주
고받으며 매우 복잡한 방식으로 작용합니다.

　함수 'f'는 창의성이 형성되는 과정이 단순한 산술적 계산 이

상의 복잡한 관계를 가진다는 점을 효과적으로 표현하기 위한 비유인 셈이죠.

그럼 창의성이라는 요리를 시작하기 앞서, 요리 재료 손질부터 해야겠죠? 전문 지식, 동기, 창의적 사고 능력이라는 세 요소를 하나하나 자세히 살펴봅시다.

첫째, 전문 지식과 경험의 축적입니다. 여기서의 전문 지식은 학문적 영역에 한정되지 않습니다. 오히려 학습과 경험을 통한 깨달음의 영역이라고 보는 것이 더 적절할 것 같습니다.

해외 축구 경기를 열정적으로 시청하거나, 보드게임 동호회에서 활동하거나, 필라테스 수업을 듣는 게 모두 전문 지식 습득에 해당됩니다.

미국 여행을 하며 현지의 다양한 문화를 체험하고, 그리스·로마 신화에 관련된 고전을 읽고, 최신 경영 전략을 소개하는 뉴스레터를 보는 것도 마찬가지로 학습과 경험입니다. 이때 우리는 정보 수집 능력, 집중력, 추진력, 인내심, 팀워크, 커뮤니케이션 같은 능력도 고루 배울 수 있습니다. 덧붙여, 전문 지식은 두 가지 이상의 분야를 아우르는 게 창의성 발현에 유리합니다.

둘째, 적절한 동기 부여입니다. 이는 크게 외적 동기 부여와 내적 동기 부여로 나눌 수 있습니다. 외적 동기 부여는 칭찬, 상금, 벌금 같이 외부에서 오는 보상이나 압력을 뜻합니다. 단기적으로는 효과적일 수 있으나 지속성이 떨어질 수 있습니다. 반면에 내적 동기 부여는 호기심, 성취감, 자아실현 욕구처럼 우리 내부에서 발생하는 것입니다. 장기적으로 더 강력하고 지속적인 효과가 있습니다. 이 두 가지 유형의 동기 부여를 적절히 활용하되, 특히 내적 동기 부여를 강화하는 것이 중요합니다.

셋째, 사고 능력입니다. 사고 능력은 스킬셋 혹은 마인드셋과 유사합니다. 스킬셋은 특정 직무나 과제 수행에 필요한 기술과 능력의 집합을, 마인드셋은 상황 인식과 대응을 위한 개인의 사고방식이나 태도를 의미합니다. 사고 능력을 키우기 위해서는 창의적이 되고자 하는 마음가짐과 함께 각종 사고 툴, 즉 생각하는 방법론을 꾸준히 발전시켜 나가야 합니다. 컨설턴트들이 새로운 아이디어를 만들어낼 때 틀 혹은 뼈대frame work를 짜는 이유가 여기에 있습니다.

전문 지식, 동기, 창의적 사고 능력을 더욱 피부에 와닿게 설명하기 위해, 우리에게 아주 익숙한 이순신 장군의 예를 들어보죠.

23전 23승,
불가능을 가능케 한 창의성

이순신 장군은 전술가, 전략가의 면모가 두드러지지만 사실 군사전략 외에도 조선술, 해양지리 같은 다양한 전문 지식에 조예가 깊었습니다. 물론 군사전략 면에서 보자면 한산도대첩의 학익진뿐 아니라 전략의 기본인 정찰과 보안을 철저히 한 것으로 유명합니다. 또한 조선술과 행정능력 또한 매우 뛰어났습니다. 장군은 조정의 지원을 받지 못했던 것으로도 유명합니다. 그럼에도 불구하고 자체적으로 전선을 건조하고 군사훈련과 둔전을 효과적으로 운영했습니다.

충무공의 내적 동기는 종묘사직과 왕을 향한 충성심, 백성을 위한 사명감, 승전이 희박한 상황을 돌파하기 위한 도전 정신을 꼽을 수 있습니다. 한편 외적 동기는 국가 존망의 위기, 군사적 열세, 관직에 뒤따르는 책임과 의무를 들 수 있겠죠.

또한 창의적 사고 능력에서는 탐색 및 정찰, 유인, 함대 반전, 포위, 섬멸을 유기적으로 행한 학익진이 빛을 발했습니다.

이밖에도 매우 다양한 요소들이 복합적으로 작용하여 충무공은 임진왜란이라는 국가적 위기 상황에서 탁월한 리더십을 발휘할 수 있었고, 결과적으로 조선을 멸망에서 구할 수 있었습니다. 이순신 장군의 사례에서 우리는 창의성이란 단순히 타고난 재능이 아니라 다양한 요소들의 상호작용을 통해 발현되는 것임을 확실히 알 수 있습니다.

창의성의 함수는
인간의 영혼에서만 일어나는 연금술

물론 전문 지식과 동기 그리고 창의적 사고 능력에서도 언젠가 AI가 인간을 월등히 능가하는 날이 올지 모릅니다. 현재에도 하나하나를 보면 AI가 인간을 초월했습니다.

　전문 지식은 결국 데이터입니다. 당연히 AI가 인간보다 더 많은 전문 지식을 가지고 있습니다. 동기라는 개념에서는 철학적이고도 윤리적인 논의가 필요하지만, 외부에서 봤을 때 AI는 강화학습 같은 기술을 통해 스스로 학습하고 행동을 개선합니다. 그리고 가까운 미래에 인공일반지능이 개발되면 진정한 의미에서 1년 365일 쉬지 않는 AI의 내외적 동기가 눈을 뜨게 될 것입니다.

　창의적 사고 능력은 어쩌면 마지막까지 인간의 영역으로 남아 있을지도 모르는 부분이지만, 사실 AI는 이미 엄청난 용량의 데이터에서 특정 패턴을 인식하고 전에 없던 조합을 만들어낼 수 있습니다. 이는 인간의 창의성과 유사해 보일 수 있습니다.

이렇게 창의성을 만드는 세 가지 요소의 하나하나는 이미 AI에게 정복당하고 있습니다. 하지만 마치 함수 f처럼 유기적인 연결은 아직 인간에게 못 미칩니다.

AI 시대에 인간이 차별화할 수 있는 유일한 방법은 의도와 목적성 그리고 기계적 사고가 아닌 느슨한 사고가 가져오는 우연한 창조인 것입니다. 그러한 우연한 창조가 문제 해결 역량과 결합해야 AI가 흉내 낼 수 없는 독창적인 솔루션이 나올 수 있는 것이고 그러한 솔루션이 훨씬 커다란 혁신 가능성을 내포할 수 있습니다. 이것이 바로 문제 해결 역량에 창의성을 결합해야 하는 이유입니다.

창의성은 인간 정신의 연금술입니다. 전문 지식이라는 원석, 동기라는 불꽃 그리고 창의적 사고 능력이라는 도가니가 만나 탄생하는 황금입니다. 이 신비로운 변환의 과정은 오직 인간의 영혼에서만 일어나는 마법입니다. 우리 각자는 이 연금술의 대가가 될 수 있는 잠재력을 지니고 있습니다. 자신의 내면에 잠든 연금술사를 깨워보세요. 그리고 세상을 황금빛 아이디어로 물들여 보십시오.

03

관점을 뒤집어야
새로운 무언가가
보인다

CREATIVE THINKING

느슨한 마음가짐이 관점을 뒤집는
혁신을 가져옵니다.
뒤집기만 해도 답이 나오는 문제는
의외로 많습니다.
혹시 지금까지 너무 주어진 틀 안에서만
생각하고 있지는 않나요?
그렇다면 문제를 확 뒤집어 보세요.
새로운 혁신이 우리를 기쁘게 해줄 겁니다.

그래서, 도대체 내가 어떻게
창의성을 발휘할 수 있는데?

이제 본격적으로 창의성이 어떻게 만들어지는지 알아볼게요.
자, 그림을 하나 볼까요? 어떤 문장이 보이나요?

바로 떠오르는 게 'BE CREATIVE'라는 문구인가요? 우리가
지금까지 계속 창의성 이야기를 하고 있으니 어쩌면 당연할지
도 모르죠. 하지만 아래쪽 그림자를 지워보면 어떨까요?

RF GPFATJVF

아무리 상상력이 풍부한 사람이라 해도 '창의적이 되어라'라는 뜻의 'BE CREATIVE' 가 아닌 아예 의미조차 없는 다른 단어가 나타나리라고 생각 못 했을 겁니다.

창의적으로 생각하기의 1단계는 모든 것을 전적으로 의심하는 것에서 시작합니다. 자신의 가장 기본적인 믿음, 현실에 대한 관점 그리고 미래에 대한 가정이 모두 의심 대상입니다.

우리 모두 '안다'는 게 얼마나 어려운 일인지 인정해야 합니다. 시대를 막론하고 저명한 혁신가들은 끊임없이 의심하고 겸손한 태도를 보였습니다. 스티브 잡스는 1996년 〈와이어드〉와의 인터뷰에서 이렇게 말했습니다.

"창의성은 여러 가지 것들을 단순히 연결하는 겁니다. 창의적인 사람들에게 어떻게 중요한 일을 했는지 물으면, 다들 약간의 죄책감을 느끼곤 하더군요. 사실 자신들은 중요한 일을 하지 않았고, 그저 '무엇'을 보았을 뿐이라고 말합니다. 그리고 어느 정도 시간이 지나면서 그 '무엇'이 분명해졌다고 해요. 그들에겐 과거의 다양한 경험을 연결해 새로운 것을 조합해내는 능력이 있었던 것이죠. 그런 일이 가능한 이유는 다른 이들보다 더 많은 경험을 쌓았거나 혹은 자신의 경험에 관해 더 많은 생각을 했기 때문입니다."

잡스의 말처럼 자신의 틀에 대해 겸손한 자세를 유지하면서 최대한 시야를 넓힌다면, 다시 말해 자신이 생각하거나 믿고 있는 모든 게 정말 진실인지를 끊임없이 캐물을 때, 우리는 더 창의적인 사람이 될 수 있습니다.

낯익은 것이
여러분을 유혹한다면

우리는 종종 새로운 아이디어를 찾아내는 일과 기존에 있던 아이디어를 바꾸는 일 사이에서 망설이곤 합니다. 둘 중 무엇이 더 어려운 일일까요? 의외로 기존 아이디어를 바꾸는 게 훨씬 더 어려운 일입니다.

새로운 틀에서 창의적으로 생각하기 1단계는 지금 사용하고 있는 틀이 풍기는 매혹적인 편안함이 분명히 존재한다는 사실을 인정하는 일입니다.

예를 들어, '오케스트라 지휘자'라는 말을 들으면 어떤 이미지가 떠오르나요? 십중팔구 즉각적으로 백발이 성성한 유럽계 백인 남성일 겁니다.

'프랑스' 하면 에펠탑, '뉴욕' 하면 자유의 여신상을 가장 먼저 떠올리듯이 말이죠.

1968년 10월 20일, 해발 2,277미터 고지에 자리 잡은 멕시코 시티. 멕시코올림픽경기장의 7만여 관중은 육상 높이뛰기 경기에 출전한 깡마른 미국 청년에게서 눈을 떼지 못했습니다. 관중들은 기대감으로 충만했습니다. 장내 아나운서는 다음 선수가 리처드 더글러스 포스베리Richard Douglas Fosbury라고 소개했습니다. 애칭은 '딕Dick', 당시 21세. 육상 역사에 길이 남을 이름이었습니다.

포스베리는 국제대회에서 누구도 시도하지 않았던 새 기술로 금메달에 도전하고 있었습니다. 이때까지 높이뛰기 기술은 정면도正面跳 Scissors jump와 복면도腹面跳 Belly roll over가 주류였습니다. 정면도는 다리를 차례로 차올려 바를 넘는 기술, 복면도는 배 쪽으로 바를 넘는 기술입니다.

그러나 포스베리는 하늘을 바라보며 등 쪽으로 바를 넘었습니다.

포스베리는 2미터 24센티미터를 넘어, 1964년 도쿄올림픽에서 소련의 발레리 브루멜이 기록한 올림픽 최고기록 2미터 18센티미터를 6센티미터나 경신하며 시상대 가장 높은 곳에 올랐습니다. 포스베리가 멕시코올림픽에서 사용한 기술은 배면도背面跳 또는 포스베리 뛰기Fosbury flop라고 불리며 현재 거의 모든 높이뛰기 선수들이 활용하고 있습니다.

그렇다면 사람들이 모든 것에 대해 의문을 품고 마음을 열도록 하기 위해서는 어떻게 해야 할까요? 다음과 같이 네 가지를 짚어봐야 합니다.

첫째, 의심하는 분위기를 조성해야 합니다. 멍청한 질문이나 발언도 환영하세요. 모두가 고개를 끄덕이는 광경은 좋은 징조가 아닙니다. 이럴 때는 과감하게 멍청한 질문을 던짐으로써 모두를 잠시 멈칫하게 하는 것이 필요합니다.

얼간이 같은 질문을 던졌다고 누군가 당신을 폄하하더라도 상관없습니다. 오히려 너무나도 명확한 사실에 대해서 '멍청한 질문'을 던질 때 질문의 가치와 울림은 더한 법입니다. 때로는 너무나도 명확한 것이 명확하지 않은 경우가 많습니다. 왜냐하면 그러한 현상, 상식과 지식은 모든 이들에게 질문되지 않고 오랜 시간 방치되어 왔기 때문입니다. 만고불변의 지식조차 한 번쯤은 '지식의 청문회'에 세워볼 필요가 있습니다.

둘째, 자신이 정한 규칙·가정·패러다임을 다시 검토해봅시다. 여러분이 지금 의존하고 있는 핵심적인 규칙과 가정은 뭔가요? 그것들이 여러분과 조직에 얼마나 도움이 되나요? 그것은 어떤 식으로 평가될 수 있나요? 수정하거나 확장하거나 대체할 수 있나요? 만약 하나라도 '예'라고 말할 수 있다면 당장 그 의심을 널리 공유하세요.

셋째, 다른 사람의 멍청한 아이디어에 환호하세요. 그리고 느슨한 사고를 적극 독려하세요. 1989년 엑슨발데즈호 원유 유출 사고를 예로 들어보죠. 미국의 석유 기업 엑슨모빌의 유조선이 알래스카주에서 원유를 대규모로 유출하고 말았습니다. 엑슨모빌의 대책 회의에서 한 직원이 이렇게 말합니다.

"알래스카에는 바다표범이 많아요. 바다표범에게 기름을 먹게 하면 어떨까요?"

그 누구라도 당장 세상 꺼지도록 한숨이 나올 발언입니다. 그런데 엑슨모빌에서는 그 멍청한 소리를 솔루션으로 연결했습니다. (물론 바다표범은 아니었고) 원유의 탄화수소를 분해하는 박테리아를 활용한 거죠. 완벽한 해결책은 아니었지만 어느 정도 효과는 있었습니다. 시도조차 하지 않은 것보다는 확실히 나았죠. 회의 때 나온 '멍청한 질문'을 놓치지 않고 솔루션으로 연결했다는 점에서는 주목할 일화입니다.

넷째, 후속 질문은 최대한 다양한 각도에서 접근해야 합니다. 현재의 전략, 태도, 제약, 접근법 혹은 다른 틀의 약점을 분석해보세요. 그 결과에 바로 여러분과 조직이 해결하고자 하는 핵심 문제가 있습니다. 이를 전혀 새로운 관점에서 바라본다면 분명 전에 없던 신선한 해결책을 찾을 수 있을 겁니다.

의심하는 태도와 멍청한 질문의 위력은 대단합니다. 어쩌면 이런 것이야말로 우리 인간만의 무기일지 모릅니다. 이미 존재하는 정보를 분석하고 최적의 답을 도출하는 수렴적 사고와 그를 통한 문제 해결 능력은 이미 수많은 이들이 해온 것입니다. 조금 더 새로울 수는 있으나 여러분이 만족할 만한 새로움은 아닐 겁니다. 그리고 결정적으로 앞으로는 우리 인간보다 AI가 더 잘할 것입니다.

하지만 AI가 놓치는, 혹은 전혀 생각하지 못하는, 논리적 연결고리를 느슨하게 하는 의심과 멍청한 질문은 인간이 더 잘할 수 있습니다. 또 그것이 새로운 창의적 아이디어를 열어주는 것입니다

모든 것을 의심하세요. 그리고 느슨하게 그리고 때로는 멍청하게 질문해보세요. 기존의 똑똑한 렌즈로는 보이지 않던 새로운 것이 보일 수도 있습니다.

관점 뒤집기는
이렇게 해보세요

간단한 퍼즐을 하나 풀어볼까요? 성냥개비를 이용해서 XI+I=X라는 틀린 수식을 만들었다고 가정해봅시다.

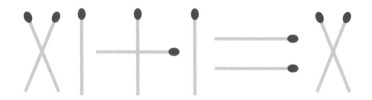

성냥개비를 최소한으로 옮겨서 수학적으로 옳은 수식을 만들어야 한다면 몇 번 옮기겠어요?

대부분의 사람들은 '한 번'이라고 이야기하고 그처럼 적은 숫자를 생각해낸 걸 매우 자랑스럽게 생각합니다.

실제로 첫 번째 I를 첫 번째 X의 반대편으로 옮겨볼까요?

그럼 이렇게 10 더하기 1은 11이라는 옳은 수식이 만들어집니다.

또한, 앞의 I를 등식 기호에 비스듬히 넣어 부등식 기호로 바꾸어도 목적을 달성할 수 있습니다. 10 더하기 1은 10이 아니다라는 맞는 문장이 만들어지는 거죠.

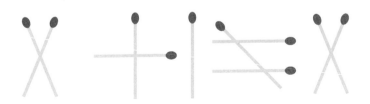

하지만 이보다 더 좋은 답은 '옮기지 않는다' 입니다. 사진을 한번 거꾸로 뒤집어 볼까요?

무엇이 보이죠? 10은 1 더하기 9가 나옵니다. 수학적으로도 아주 완벽한 등식이죠.

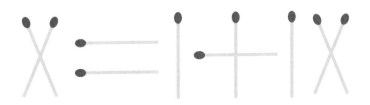

어떤가요? 이번 퀴즈의 함정은 성냥개비를 '옮긴다'라는 표현이었습니다. 하지만 그 앞에 있는 '최소한'이라는 표현에 집중했다면 옮기는 행위가 한 번 이상이 아니라 아예 안 옮겨도 된다는 사실을 눈치 챌 수 있었을 겁니다. 즉, '성냥개비를 옮기지 않고 수식을 옳게 만드는 방법'을 떠올릴 수 있었을 겁니다.

성냥개비를 옮기지 않는 방법을 생각해본다면, 성냥개비 외에 성냥개비를 둘러싸고 있는 판을 흔들거나 뒤집는 상대적으로 더 고차원적 사고를 해볼 여유가 생기는 거죠.

이런 느슨한 마음가짐이 관점을 뒤집는 혁신을 가져옵니다. 뒤집기만 해도 답이 나오는 문제는 의외로 많습니다. 혹시 지금까지 너무 주어진 틀 안에서만 생각하지는 않았나요? 그렇다면 문제를 확 뒤집어 보세요. 새로운 혁신이 우리를 기쁘게 해줄 겁니다.

그럼 앞서 언급한 '새로운 틀 안에서 생각하기'의 의미를 다시 한번 생각해볼까요? 이는 우리의 사고를 지배하고 있는 프레임의 함정에서 벗어나는 방법이 됩니다.

어떠한 마음가짐과 생각을 품고 출발점에 서느냐에 따라 결과는 180도 다를 수 있습니다. 비록 그 시작은 한 끝 차이로 미미해 보이지만 결코 무시할 수 없는 차이를 가진 결말을 불러오는 것입니다.

제임스
다이슨

심미안과 기술력을 지닌
양손잡이 창의성

혁신의 씨앗:
제임스 다이슨의 성장과 도전

산업 디자이너 + 엔지니어 = 디자인 엔지니어

다이슨은 산업디자인 전공자였지만, 엔지니어링 분야에서도 탁월한 능력을 발휘했습니다. 이러한 배경은 다이슨 기업의 설립과 운영에 큰 영향을 미쳤습니다. 다이슨 제품은 뛰어난 성능과 함께 독특하고 매력적인 디자인으로 유명한데, 이는 '기능이 형태를 결정한다'는 철학에 기반을 두고 있습니다.

다이슨의 역사는 제임스 다이슨이 먼지봉투 없는 진공청소

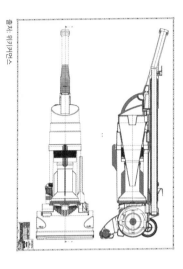

다이슨은 5,000번이 넘는 실패 끝에 만들어낸 먼지봉투 없는 청소기 'DC01'를 발명했다.
여기에는 디자인과 엔지니어링을 분리할 수 없는 하나의 과정으로 생각하는 그의 철학이 오롯이 담겨 있다.

기에 대해 고민하면서 시작되었습니다. 자택에서 청소 중 흡입력이 떨어지는 청소기에 불편을 느낀 그는 먼지가 먼지봉투의 미세한 구멍을 막아 흡입력이 저하된다는 사실을 발견했습니다. 새로운 진공청소기 개발을 결심하고 우연히 제재소에서 본 '사이클론' 방식에서 영감을 얻었습니다.

1979년부터 1984년까지 5년 동안 5,127개의 시제품prototype을 만들며 연구한 끝에 제임스 다이슨은 1993년 세계 최초로 먼지봉투가 필요 없는 사이클론 방식의 진공청소기를 출시했습니다. 이 제품은 18개월 만에 영국 진공청소기 시장 1위를 차지했습니다.

그는 청소기에서 그치지 않고, 기존 헤어 드라이어의 고정관념을 깬 저소음 헤어 드라이어 '다이슨 수퍼소닉'을 개발하기도 했습니다. 제임스 다이슨은 "훌륭한 디자인은 외관보다는 작동 방식에 중점을 둘 때 만들어진다"고 강조했습니다.

현재 다이슨은 전 세계적으로 6,000여 명의 직원을 두고 있으며 그 중 2,000여 명이 엔지니어나 과학자입니다. 이들은 기계공학, 유체공학, 화학, 전기공학, 미생물학, 음향공학, 소프트웨어 공학 등 다양한 분야의 연구를 수행하고 있습니다. '일상에서의 발명'이라는 가치는 다이슨의 핵심 철학이 되었습니다. 제임스 다이슨은 현재도 최고기술자로서 일상의 불편함을 해결하기 위한 새로운 기술 개발에 힘쓰고 있습니다.

다이슨은 창의적인 아이디어를 위해 대학 졸업생들을 적극 채용합니다. 젊은 인재들의 혁신적인 사고와 도전 정신이 새로운 제품 개발에 큰 도움이 된다고 믿기 때문입니다. 실제로 신입 사원들의 아이디어가 여러 과정을 거쳐 혁신적인 제품으로 탄생하고 있습니다. 현재 다이슨 엔지니어의 평균 연령은 26세이며, 그 중 절반은 영국 본사 다이슨디자인연구개발센터Research, Design and Development에서 근무하고 있습니다. 이러한 다이슨의 혁신 철학과 인재 육성 방식은 현대 기업들에게 중요한 시사점을 제공하고 있습니다.

다이슨은 전기차 개발에도 도전했습니다. 비록 성공에 이르지 못했지만 끊임없는 혁신을 추구하고 있습니다. 그의 첫 자서전 제목《계속해서 실패하라》에서 알 수 있듯이, 그는 실패를 두려워하지 않고 도전을 이어가고 있습니다.

다이슨의 제품들은 기존 산업의 틀을 깨는 파괴적 혁신의 대표적 사례입니다. 흥미롭게도 제임스 다이슨은 '혁신'이라는 말을 좋아하지 않습니다. 그는 무분별한 변화보다는 의미 있는 진보를 추구하기 때문입니다. 이는 그의 철학이기도 합니다.

다이슨은 R&D에 세후 이익의 30%를 투자하는 것으로 유명합니다. 그리고 그 규모는 매년 증가하고 있습니다. 2015년에는 1주당 약 68억 원, 연간 3,500억 원 정도를 R&D에 투자했고 2023년에는 전년도 대비 40% 이상 인상해 총 7조 8,390억 원을 썼습니다. 이는 현재에 안주하지 않고 지속적인 기술 혁신을 추구하는 다이슨의 의지를 보여줍니다.

R&D에 매우 공격적인 다이슨의 성향은 그가 왜 이 시대 최고의 발명가이자 혁신가로 꼽히는지에 관한 훌륭한 답이 됩니다. 그는 단순히 독특한 디자인을 뽐내는 데 그치지 않습니다. 기술과 디자인을 결합해 제품의 본질적인 가치를 높입니다. 이것은 그의 철학이기도 합니다. 아울러 이 철학이야말로 다이슨을 글로벌 혁신 기업으로 성장시키는 원동력이 되고 있습니다.

창조적인 아이디어를 지원하는
'제임스 다이슨 재단'

다이슨은 2002년 제임스 다이슨 재단James Dyson Foundation을 설립하여 엔지니어링의 중요성을 강조하고 미래 인재 양성에 힘쓰고 있습니다. 이 재단의 대표적인 활동으로 제임스 다이슨 어워드James Dyson Award가 있습니다.

제임스 다이슨 어워드는 학생들이 혁신적인 제품을 디자인 하도록 장려하는 국제 디자인 대회입니다. 전 세계 30여 개국의 디자인·엔지니어링 전공 대학생이 참가하며 우수작과 대상 작은 제임스 다이슨과 다이슨 엔지니어들이 직접 선정합니다.

한국은 2016년부터 참가했고 2023년에 마침내 국제전에서 우승하는 쾌거를 올렸습니다. 홍익대학교 재학생 네 명으로 구성된 한국팀은 응급상황에서 수액을 원활하게 주입해주는 '골든 캡슐The Golden Capsule'을 출품했습니다. 아래는 제임스 다이슨의 우승작 평가입니다.

"이번에 우승을 거머쥔 학생들은 일상 속 문제들을 간과하지 않고 주목하며, 기술과 디자인을 접목해 솔루션까지 개발했습니다. 이는 좀 더 나은 세상을 만들기 위한 학생들의 열정이고 다짐이며, 이러한 학생들의 태도는 매우 인상적이었습니다. 이번 제임스 다이슨 어워드 수상이 성공의 발판이 되기를 바랍니다."

다이슨은 자신의 경험을 바탕으로 젊은 발명가들을 지원하고자 이 재단을 운영하고 있습니다. 어워드 우승자에게는 아이디어를 상품화할 수 있는 재정 지원을 제공하며 모든 지적재산권은 발명가 본인에게 귀속됩니다.

혁신을 향한 다이슨의 노력은 지금도 계속되고 있습니다. 영국 케임브리지대학교의 '다이슨센터Dyson Centre' 설립도 그 가운데 하나입니다. 다이슨센터는 학생들과 연구진들의 창의성을 개발하고 혁신적인 발명을 지원하는 공간으로서 다양한 첨단 장비를 제공합니다. 1,200명 이상의 학생들이 다이슨센터에서 태양열 전기차, 북극 빙하용 차량, 드론, 우주비행 시스템 등 미래 기술을 개발하고 있습니다.

그는 임페리얼 칼리지 런던ICL에 다이슨 디자인 엔지니어링 스쿨The Dyson School of Design Engineering을 설립하기도 했습니다. 이 4년제 석사 과정은 다이슨 엔지니어들이 직접 참여하여 실제 산업과의 연계성을 강화했습니다.

제임스 다이슨은 전 세계적인 엔지니어 부족 현상을 해결하

영국 케임브리지대학교의 다이슨센터에서 기계를 공부하는 학생들과 런던에 위치한 다이슨 디자인 엔지니어링 스쿨.

기 위해 어린 학생들부터 집중 교육해야 한다고 믿습니다. 그의 재단은 디자인, 기술, 엔지니어링이 융합된 교육 사업을 지속적으로 추진할 계획입니다.

다이슨의 혁신은 일상 생활용품에 새로운 가치를 부여하는 데 있습니다. 그는 익숙하지만 불편했던 기존 제품의 요소를 과감히 개선하여 새로운 시장을 창출했습니다. 이러한 접근 방식은 완성형으로 여겨졌던 생활가전 분야에 혁신의 가능성을 보여주었습니다.

이러한 다이슨의 노력은 단순히 기업의 상업적 성공을 넘어 미래 세대의 혁신적 사고와 기술 발전을 촉진하는 데 중요한 역할을 하고 있습니다. 그의 비전은 엔지니어링과 디자인의 융합을 통해 더 나은 미래를 만들어가는 것에 있다고 볼 수 있습니다.

04

크리에이티브 씽킹: 로지컬 씽킹과 디자인 씽킹의 융합

CREATIVE THINKING

로지컬 씽킹이
'정답을 찾기 위한' 사고라면,
디자인 씽킹은
'더 나은 답을 찾기 위한' 사고입니다.
이 둘의 차이는 우리가 어떤 문제를 대할 때
해결책을 정해진 틀 안에서 찾을지,
아니면 틀을 깨고 새로운 방법을 모색할지를
결정짓습니다.

등산화와 쌍안경

"사람은 누구나 생각을 합니다. 하지만 누구나 '잘' 생각하는 것은 아닙니다. 요리에 대가가 있듯이 사고에도 '달인'이 있습니다. 달인은 여러 정신적 재료로 맛을 내고 섞어 조합하는 일에 통달한 사람을 말합니다."
— 로버트 루트번스타인, 미셸 루트번스타인

"포용적인 조직은 재정적 목표를 달성하거나 초과할 가능성이 2배 더 높고, 혁신적일 가능성이 6배 더 높으며, 더 나은 비즈니스 결과를 달성할 가능성이 8배 더 높습니다. 또한, 포용적 조직의 직원들은 더 많이 참여하고 회사에 머물 가능성이 더 높으며 다른 사람들에게 회사를 추천할 가능성도 더 높습니다."
— '다양성과 포용성 혁명에 관하여', 〈딜로이트 리뷰Deloitte Review〉

여러분, 잠시 상상해 보세요. 여러분 앞에 큰 산이 하나 있습니다. 이 산의 정상에는 '창의성'이라는 보물이 숨겨져 있다고 합니다. 그런데 이 산을 오르는 방법이 두 가지가 있다고 하네요. 바로 '로지컬 씽킹Logical Thinking', '디자인 씽킹Design Thinking'이라는 두 개의 길입니다. 자, 이제 우리 함께 이 흥미진진한 여정을 떠나볼까요?

첫 번째 길은 로지컬 씽킹입니다.

로지컬 씽킹은 마치 산을 오르기 위한 튼튼한 등산화와 같습니다. 여러분이 산을 오를 때 튼튼한 등산화가 있다면 어떨까요? 바위를 딛고 올라갈 때마다 안정감을 느낄 수 있겠죠. 로지컬 씽킹도 마찬가지입니다. 버거워 보이는 문제를 해결해야 할 때, 체계적이고 논리적으로 접근하면 더 안정적으로 해답을 찾아갈 수 있습니다.

예를 들어, 새로운 스마트폰 앱을 만들고 싶다고 해봅시다. 로지컬 씽킹을 사용하면 "이 앱이 해결하려는 문제는 뭐지?", "어떤 기능이 필요하지?", "어떤 순서로 개발해야 할까?" 같은 질문을 체계적으로 던질 수 있고 아이디어를 발전시킬 수 있습니다.

두 번째 길은 디자인 씽킹입니다.

디자인 씽킹은 우리의 여정에서 쌍안경과 같은 역할을 합니다. 산을 오르다 보면 때로는 멀리 있는 목적지를 찾거나 경치를 감상하고 싶을 때가 있죠. 디자인 씽킹은 우리가 문제를 더 넓은 관점에서 바라볼 수 있게 해줍니다. 사용자의 입장에서 생각하고, 다양한 아이디어를 시도해보며, 실패를 두려워하지 않고 계속해서 개선해 나가는 것이 디자인 씽킹의 핵심입니다.

스마트폰 앱의 예시로 돌아가 볼까요? 디자인 씽킹을 적용하면 "사용자들이 정말로 원하는 게 뭔데?", " 어떻게 해야 이 앱을 더 직관적으로 만들 수 있는데?", "사용자 테스트에서 어떤 피드백을 받았을 수 있는데?" 같은 질문을 던지며 사용자 중심의 혁신적인 솔루션을 만들어낼 수 있습니다.

자, 이제 우리는 두 가지 길을 모두 지나왔습니다. 로지컬 씽킹이라는 튼튼한 등산화를 신고, 디자인 씽킹이라는 쌍안경으로 넓은 시야를 확보했습니다. 이 두 가지 도구를 모두 활용하여 산을 오르다 보면, 어느새 우리는 창의성이라는 보물이 숨겨진 정상에 도달하게 됩니다.

창의성은 단순히 번뜩이는 아이디어를 떠올리는 것이 아닙니다. 그것은 체계적인 사고(로지컬 씽킹), 사용자 중심의 혁신(디자인 씽킹)이 조화롭게 어우러진 결과입니다. 우리의 스마트폰 앱은 이제 논리적으로 설계되었고, 사용자의 니즈를 정확히 반영하며, 발생할 수 있는 문제들에 대한 해결책도 갖추고 있습니다. 이것이 바로 진정한 창의성의 모습입니다.

여러분도 이제 이 두 가지 길을 따라 자신만의 창의성 여정을 떠나보는 것은 어떨까요? 로지컬 씽킹으로 문제를 체계적으로 분석하고, 디자인 씽킹으로 혁신적인 아이디어를 발굴하는 과정을 통해 여러분만의 독특하고 가치 있는 창의적 결과물을 만들어낼 수 있을 것입니다.

이제 우리는 창의성이라는 보물을 찾기 위한 여정의 출발점에 서 있습니다. 지금부터는 이 두 가지 사고방식을 더 자세히 알아보고, 실제로 어떻게 적용할 수 있는지 살펴볼 겁니다.

로지컬 씽킹Logical Thinking
: 문제를 잘게 포개다보면 핵심이 나온다

'생각하는 힘'이란 무엇일까요? 우리는 '생각'을 머리로만 하는 것으로 여기기 쉽지만, 실제로 사고 과정에는 개인의 경험과 타인과의 교감 등 감각적 요소가 매우 큰 영향을 미칩니다.

사고력은 교육 환경뿐만 아니라 기업 경영에서도 중요한 역할을 합니다. 학교에서의 교육과 개인의 학습에 큰 영향을 미치는 것은 물론이고, 기업의 입장에서는 조직 전체의 사고력이 기업의 성과에 직접적인 영향을 준다는 점이 명확합니다.

그렇다면 왜 사고력, 즉 '생각하는 힘'이 이토록 중요한 것일까요? 이를 기업 경영의 관점에서 살펴보면 사고력은 곧 문제 해결 역량으로 이해할 수 있습니다.

기업의 근본적인 목적은 고객 만족을 통해 제품과 서비스를 판매하고, 이를 통해 수익을 창출하여 주주 가치를 극대화하는 것입니다. 이러한 모든 과정의 이면에는 항상 문제 해결 역량이 필수적으로 요구됩니다.

로지컬 씽킹은 이렇게 복잡한 비즈니스 환경에서 효과적인 의사결정을 내리는 데 반드시 필요합니다. 또한 '문제 해결 역량'은 기업이 직면하는 다양한 도전과 위기를 극복하고 지속적인 성장을 이루는 데 핵심적인 요인입니다.

'생각하는 힘'의 중요성은 단순히 기업 경영에만 국한되지 않습니다. 개인의 성장과 발전, 사회의 진보 그리고 인류의 지식 확장에 이르기까지 광범위한 영역에서 중요한 역할을 합니다.

맥킨지와 같은 전략컨설팅 기업이 발전시켜온 로지컬 씽킹은 비즈니스 세계에서 매우 중요한 사고방식입니다. 이를 제대로 이해하기 위해서는 피라미드 구조Pyramid Structure라는 핵심 개념을 함께 살펴봐야 합니다.

피라미드 구조는 전달하고자 하는 내용을 상대방이 이해하기 쉽게 구조화하는 기법입니다. '논리의 구조화'라고도 불리는

논리적 사고를 구조화하는 피라미드 구조 사고법

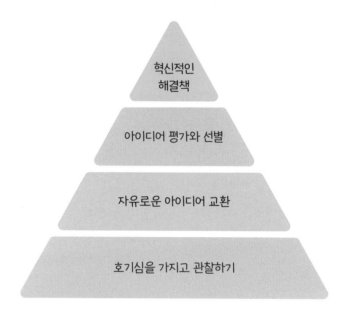

이 방법은 주로 문서 작성이나 발표 시 활용됩니다. 피라미드 구조의 특징은 다음과 같습니다.

첫째, 가장 중요한 내용을 맨 위에 놓습니다. 즉, 피라미드의 꼭대기에 핵심 메시지를 배치합니다. 이렇게 하면 독자나 청중이 가장 중요한 정보를 빠르게 파악할 수 있습니다.

둘째, 아래로 갈수록 더 자세한 내용을 넣습니다. 피라미드의 아래쪽으로 내려갈수록 정보가 더 구체적이고 상세해질 겁니다. 마치 확대경으로 들여다보는 것처럼, 각 단계마다 정보의 깊이가 깊어집니다.

셋째, 아래 내용은 위의 내용을 뒷받침합니다. 각 단계의 정보는 바로 위의 내용을 설명하거나 증명하는 역할을 합니다. 이는 마치 건물의 기둥이 위층을 지탱하는 것과 비슷합니다.

넷째, 정보의 흐름을 쉽게 따라갈 수 있습니다. 피라미드 구조는 정보를 논리적으로 연결하기 때문에 독자나 청중이 전체 내용을 쉽게 이해하고 기억할 수 있습니다.

맥킨지의 논리적 문제 해결을 위한 7단계 접근법은 문제 해결의 체계적인 흐름을 제시합니다. 이 접근법은 문제 정의, 문제 구조화, 가설 수립, 자료 수집, 분석, 해결책 개발, 그리고 최종 제안의 단계로 이루어집니다. 이러한 7단계 접근법은 로직 트리와 피라미드 구조와 함께 사용될 때, 문제의 본질을 명확히 파악하고 체계적으로 해결책을 제시하는 데 큰 도움이 됩니다.

지금부터는 '지난 3년간 우리 기업의 연간 매출이 10%씩 감소했다'는 상황을 가정해보고 해결책을 찾기 위해 맥킨지의 논리적 문제 해결을 위한 7단계 접근법을 적용해보겠습니다.

맥킨지의 논리적 문제 해결을 위한 7단계 접근법

고객 문제

→ 의사소통하기
→ 문제 해결하기

영향 평가하기:
고객이 알아야 할 것은 무엇인가?

문제의 핵심을 정의하기

문제를 구조화하기

분해와 초기 가설 수립하기:
문제의 주요 요소는 무엇인가?

신속성 확보하기:
어떤 이슈가 가장 중요한가?

문제의 우선순위 설정하기

문제 분석 계획 수립하기

효율성 극대화하기:
팀은 어디에, 어떻게 시간을 투자해야 하는가?

증거 탐색하기:
우리가 증명/반증하려는 것은 무엇인가?

분석 진행하기

분석 결과를 종합하기

함의 도출하기:
우리의 발견이 고객에게 어떤 의미를 갖는가?

해결책 제시하기:
고객은 무엇을 해야 하는가?

문제 해결 방안 제안하기

i. 문제의 핵심을 정의하기 Define Problem

매출 감소의 정확한 수치는 얼마인가요? 어느 정도의 기간 동안 매출이 떨어졌나요? 매출 하락은 기업에 어떤 영향을 미쳤나요?

ii. 문제를 구조화하기 Structure Problem

첫째, 시장 환경 변화를 못 따라갔습니다. 둘째, 기업 내부적으로 마케팅 전략 실패라는 운영상 문제가 있었습니다. 셋째, 경제 불황에 따른 내수 침체와 생산 관련 환경 규제의 강화라는 외부 요인이 있었습니다.

iii. 문제의 우선순위 설정하기 Prioritize Issues

가장 손이 많이 가는 부분입니다. 여러분은 핵심 문제를 해결하기 위해 중점적으로 다뤄야 할 하위 문제들에 대한 가설을 수립해봐야 합니다.

가설을 세운 후에는 '80:20 법칙', 즉 파레토 법칙을 적용하여 주요 레버와 부차적 레버를 구분합니다. 참고로 '레버'라는 개념을 이해하는 것이 중요합니다. 비즈니스 맥락에서 '레버'는 문제 해결에 큰 영향을 미칠 수 있는 요소 또는 변화를 일으킬 수 있는 중요한 '요인'을 의미합니다. 이는 마치 물리학에서 작은 힘으로 큰 효과를 낼 수 있는 지렛대와 같은 원리입니다. 즉,

적은 노력으로 큰 변화를 만들어낼 수 있는 핵심 포인트를 찾는 것이 이 단계의 목표입니다.

소비자 선호도 변화는 시장 트렌드와 고객 니즈의 변화를 의미하며, 제품이나 서비스의 성공에 직접적인 영향을 미치므로 주요 레버로 간주됩니다. 기술과 디자인의 후퇴는 경쟁사 대비 제품의 기술적 우위나 디자인 경쟁력이 떨어졌음을 의미하며, 이는 제품의 핵심 가치와 직결되므로 중요한 레버입니다. 마케팅 전략 실패는 잘못된 고객 선정, 부적절한 메시지 전달, 효과적이지 못한 채널 선택 등을 포함할 수 있으며, 이는 좋은 제품도 시장에서 실패하게 만들 수 있는 중요한 요인입니다.

iv. 문제 분석 계획 수립하기 Develop Issue Analysis & Work Plan

소비자 선호도가 변했을까요? 그렇다면 대대적으로 소비자 만족도 설문조사를 실시하고 최근 전자제품 박람회에서 언론과 소비자들이 브랜드와 제품을 어떻게 평가했는지 분석합니다. 마케팅 전략에 실패했나요? 그렇다면 과거 마케팅 캠페인의 성과 데이터를 수집해 분석하고 경쟁사의 온라인 판매 전략을 벤치마킹하는 게 도움이 됩니다.

고객의 제품 피드백을 분석하고 품질 관리 프로세스를 검토해 제품 품질을 향상시키는 것은 가장 나중에 해도 늦지 않습니다.

v. 분석 진행하기Conduct Analysis

분석은 크게 정성적 분석과 정량적 분석으로 나뉩니다. 실제로 해보니 소비자 성향이 다양한 기능, 화려한 디자인 선호에서 기본에 충실한 기능, 심플한 디자인으로 바뀐 것을 확인했습니다. 그리고 마케팅에서는 온라인 마케팅 투자가 부족했던 것으로 드러났고 마케팅 메시지와 핵심 고객층의 불일치가 심화했습니다.

vi. 분석 결과를 종합하기Synthesize Finding

"So what?"이라는 질문은 우리가 문제와 해결책을 제시할 때 자주 마주치는 반응입니다. 이는 "그래서 그게 왜 중요한데?"라는 의미로, 단순한 사실이나 데이터를 넘어 그 의의를 밝히라는 요구입니다. 이 질문은 매우 중요한데, 우리가 수집한 정보와 분석 결과의 실질적인 시사점을 도출하게 만들기 때문입니다.

결과를 종합해보니 소비자들은 기본 성능에 충실하면서도 강력한 기능, 심플한 디자인을 선호하게 되었으나 우리 제품은 이에 맞지 않았습니다. 설상가상으로 온라인 마케팅 전략이 경쟁사에 비해 뒤처지기까지 했습니다.

vii. 문제 해결 방안 제안하기Develop Recommendation

자, 이제 클라이언트나 경영자에게 문제의 해결 방안을 제안해야 합니다. 예를 들면 첫째, 새로운 브랜드를 만들고 1년 내에 5개의 신제품을 출시합니다. 둘째, 경쟁사보다 더욱 심플한 디자인과 강력한 성능을 자랑하는 제품을 만듭니다. 셋째, 전체 마케팅 예산의 50%를 온라인 마케팅에 투입합니다. 마지막으로 OEM 생산 현지에 품질 관리팀을 늘리고 불량률을 낮춥니다.

위와 같은 단계별 접근은 복잡한 비즈니스 문제를 체계적으로 분석하고 해결하는 데 도움을 줍니다. 각 단계에서 논리적 사고와 데이터 기반의 의사결정을 강조하며, 이는 효과적인 문제 해결과 전략 수립에 핵심적인 역할을 합니다.

디자인 씽킹

: 고객 입장에서 '왜? 그래서 뭐가?
그게 진짜야?'라고 생각해보기

디자인 씽킹을 설명하기 위해서는 미국의 디자인 혁신 기업 아이디오IDEO와 스탠퍼드 D.스쿨 이야기를 빼놓을 수 없습니다. 스탠퍼드 D.스쿨의 정식 명칭은 스탠퍼드대학교 산하의 하소

플래트너 디자인연구소Hasso Plattner Institute of Design입니다. 이곳은 창의성과 혁신을 가르치며 특히 인간이라면 누구나 갖고 있는 창의성을 자연스럽게 끌어내어 주는 수업 방식으로 유명하죠.

그럼 먼저 아이디오의 CEO 팀 브라운Tim Brown이 디자인 씽킹을 어떻게 정의하는지 함께 살펴봅시다. 참고로 아이디오의 사례는 앞으로도 자주 나오니 주의 깊게 봐주세요.

팀 브라운은 디자인 씽킹을 "디자이너의 감수성과 다양한 방법을 활용한 훈련법입니다. 기술적으로 실현 가능한 비즈니스 전략을 고객 가치와 시장의 기회로 바꿔 고객의 욕구를 충족시킵니다"라고 정의했습니다.

다음은 스탠퍼드 D.스쿨의 정의입니다.

"디자인 씽킹이란 '사람 중심의 혁신 접근법'이며 복잡한 문제를 해결하기 위해 창의적인 아이디어를 개발하고 현실화하는 과정입니다."

이에 덧붙여 《디자인 씽킹 바이블》, 《생각이 차이를 만든다》를 쓴 로저 마틴Roger Martin의 정의도 살펴볼까요?

"디자인 씽킹을 활용하는 조직은 문제 해결을 위해 디자이너의 가장 중요한 기법을 활용하곤 합니다. 그리고 그것은 바로 귀추법abduction입니다."

어떤가요? 디자인 씽킹이 어떤 개념인지 감이 오나요? 물론 아직 와닿지 않을 수도 있습니다. 힌트를 더 드릴게요. 디자인 씽킹의 핵심 키워드는 다음과 같습니다.

• **열린 공동 창조**open co-creation: 디자인 씽킹은 고객 및 이해관계자와 함께 만들어야 합니다. 디자이너나 기획자, 마케터 혼자서 만드는 게 아니죠. 타인의 지식과 경험을 적극 활용하는 열린 자세가 필요합니다. 그래야 새로운 혁신이 가능합니다.

이런 방식의 가장 대표적인 성공 사례는 레고LEGO의 'LEGO Ideas' 플랫폼입니다. 레고는 팬들이 자신의 레고 세트 아이디어를 제안하고, 다른 사용자들의 투표를 받아 실제 제품화할 수 있는 플랫폼을 만들었습니다. 이를 통해 NASA 아폴로 로켓, 빅뱅이론 세트 등 혁신적인 제품이 탄생했습니다.

• **고객 중심**user-centric: 실제 고객이 어떻게 우리의 제품, 서비스를 마주할지 그들 입장에서 한걸음 앞서 생각하는 자세가 필요합니다. 에어비앤비의 사용자 경험 중심 설계를 봅시다. 에어비앤비는 초기에 호스트와 게스트 모두의 경험을 세밀하게 분석하여 서비스를 개선했습니다. 예를 들어, 호스트들이 직접 찍은 사진은 해상도도 낮고 구도도 안 좋아서 투숙하고 싶은 마

음이 안 들었습니다. 그래서 에어비앤비는 전문 사진작가를 호스트에 무료로 파견하는 서비스를 도입했고 그 결과는 대성공이었습니다.

- **이질적 협업**opposable collaboration: 디자인 씽킹은 자신과 다른 입장, 경험, 지식을 가진 이들과 팀을 이뤄 일해야 성공률이 높아집니다. 마틴은 《생각이 차이를 만든다》에서 인간의 창의적 활동의 원동력을, 마주 보는 두 손가락인 엄지와 검지와 같다고 말합니다. 엄지와 검지가 마주 보기 때문에 물건을 집고, 젓가락질과 바느질을 할 수 있고, 글을 쓸 수 있듯이 혁신적 아이디어 역시 논리적 영역과 직관적 영역이 마주 볼 때 떠오르죠. 마주 보는 두 손가락이 인류의 발전을 가져왔듯, 서로 다른 생각을 가진 이질적 구성원이 팀 안에서 협업해야 디자인 씽킹이 가능합니다.

예컨대 애플과 나이키는 어떤 접점이 있나요? 사람들이 보기에는 두 기업의 공통분모는 전혀 없었습니다. 'Nike+'라는 시스템이 등장하기 전까지는 말이죠. 애플과 나이키는 운동화에 센서를 장착하여 아이폰과 연동, 사용자의 운동 데이터를 실시간으로 추적하고 분석할 수 있게 했습니다. 이후에는 애플워치와 나이키의 콜라보 제품이 연이어 출시되었습니다.

- **장기적 관점/큰 스케일의 지속 가능성**long-term perspective/Large-scale sustainability: 디자인 씽킹을 달리기로 비유하면 마라톤입니다. 며칠 밤 고민해서 다음 날 아침 해결책이 나오는 문제라면 굳이 디자인 씽킹이란 도구를 꺼낼 필요가 없습니다. 기존 문제 해결법으로 풀기 어려운 복잡다단한 문제wicked problem가 있기 때문에 디자인 씽킹이 해결사로 나온 겁니다.

환경, 빈부 격차, 교육 등 국가와 기업이 바로 해결하기 어려운 이슈를 디자인 씽킹으로 접근한다면 필연적으로 '큰 스케일의 지속 가능한' 효과가 생깁니다. 우리나라 SK그룹의 '사회적 가치 창출'이 좋은 예입니다. 구체적으로는 2030년까지 그룹의 온실가스 배출량을 2020년 대비 50%까지 감축하고 특히 SK E&S는 수소 결제 활성화에 적극적으로 투자하기로 한 것이죠. 이 방식은 개인보다는 규모가 큰 기업이나 행정 기관에 유익한 통찰을 제공합니다.

- **빠른 실험 정신**fast experimentalism: 디자인 씽킹의 핵심 중 하나는 '싸고 빠르게 실패해보기'입니다. 문제 해결을 위한 생각과 고민도 필요하지만, 문제를 마주한 첫날부터 뚝딱뚝딱 무언가 만들어보고자 하는 실험 정신 역시 디자인 씽킹에서 중요합니다.

예를 들어 네이버는 사내 벤처 프로그램인 '네이버 D2SF'을 통해 스타트업을 육성하고 실험적인 아이디어를 빠르게 검증합니다. 한편으로는 '서비스 실험실'을 도입해 새로운 서비스 아이디어는 재빨리 시제품을 만들어서 제공하고 사용자 의견을 받아서 서비스를 개선하는 문화를 만들었습니다.

- **이타심/공감**altruism/empathy: 디자인 씽킹의 출발은 고객과의 공감입니다. 디자인 씽킹이 상대할 복잡다단한 문제는 사회적으로 가장 어려움을 겪는 소외 계층에 대한 문제도 많습니다. 즉, 고객과의 공감은 종종 이타심으로 확장됩니다.

   이타심과 공감으로 가장 유명한 조직은 바로 그라민 은행일 겁니다. 무함마드 유누스는 1983년 빈곤층을 대상으로 소액을 대출해주는 그라민 은행을 설립해 2007년까지 780만 명에게 63억 달러를 대출했고 무려 99%의 회수율을 보였으며 약 500만 명이 빈곤에서 벗어날 수 있게 했습니다.

- **양손잡이**ambidexterity: 로지컬 씽킹이 좌뇌적 사고니까 디자인 씽킹은 으레 우뇌적 사고라 생각하기 쉽습니다. 앞에서 말했듯 디자인 씽킹은 좌뇌와 우뇌를 균형감 있게 활용하는 사고입니다. '좌뇌와 우뇌 두 영역이 일으킬 갈등과 긴장을 최대한 창의적으로 해소하는 문제 해결 정신'이 디자인 씽킹을 요약하는 적

절한 정의 중 하나입니다.

예를 들어 디자인 회사 아이디오는 슈퍼마켓 쇼핑 카트를 재설계할 때, 엔지니어링 관점(좌뇌)과 사용자 경험 관점(우뇌)을 결합했습니다. 카트의 구조적 안정성과 내구성을 개선하는 동시에, 어린이 좌석의 편안함, 물건을 쉽게 넣고 뺄 수 있는 구조 등 사용자 중심의 디자인을 적용했습니다.

디자인 씽킹이 어떤 것인지 알았다면 이제 실행으로 옮겨봐야겠죠. 스탠퍼드 D.스쿨은 디자인 씽킹을 수행하는 5단계를 다음과 같이 정의합니다.

- **1단계-공감하기**Empathize: 디자인 씽킹의 첫 단계는 사용자(혹은 고객)에 대한 깊은 이해와 공감을 구축하는 것입니다. 여기서는 사용자의 필요, 욕구 및 경험을 파악하기 위해 인터뷰, 관찰, 사용자 경험의 몰입 등 다양한 방법을 사용합니다. 여러분은 이 단계에서 문제를 정의하는 데 필요한 통찰력을 얻고 실제 사용자의 관점에서 문제를 볼 수 있습니다.

- **2단계-문제 정의하기**Define: 수집된 정보와 공감을 바탕으로 문제 상황을 명확하고 구체적으로 정의합니다. 이 단계에서는 핵심 문제를 식별하고, 사용자의 필요와 프로젝트 목표 사이에

스탠퍼드 D.스쿨의 디자인 씽킹 5단계

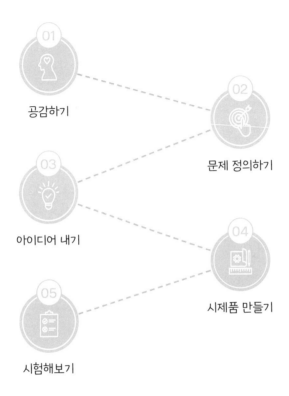

- 공감하기는 문제를 정의하는 일을 돕는다
- 시험을 해보면서 고객을 깊이 이해할 수 있다
- 시험을 해보면서 또 다른 새로운 아이디어를 찾아낼 수 있다
- 시제품에서 새로운 아이디어를 찾아낼 수 있다
- 시험을 해보면서 무엇이 문제인지 깨닫는 통찰을 얻을 수 있다

서 균형을 찾아 명확한 문제 진술statement을 작성할 수 있습니다. 문제 정의하기가 중요한 이유는 팀이 집중해야 할 핵심 포인트를 명확히 할 수 있기 때문입니다. 이 단계에서 여러분은 창의적인 해결책을 도출하기 위한 기반을 마련할 수 있습니다.

• **3단계 - 아이디어 내기**Ideate: 문제를 명확히 정의했다면, 이제 다양한 해결책을 찾기 위해 창의적인 과정에 집중해야 합니다. 이 단계에서는 브레인스토밍이나 스케치 등을 통해 가능한 많은 아이디어를 자유롭게 제시하고 평가할 수 있습니다. 아이디어 발상 단계는 가능한 모든 선택지를 고려하여 최적의 해결 방법을 찾아내는 데 중점을 둡니다.

• **4단계 - 시제품 만들기**Prototype: 선택된 아이디어를 구체적인 형태로 실험해보는 단계입니다. 실제로 작동하는 초기 모델을 만들어서 아이디어가 실제로 효과가 있는지, 사용자에게 어떤 반응을 일으키는지 확인할 수 있게 합니다. 이 단계에서 여러분은 디자인의 실현 가능성을 검증하고 필요하다면 조정할 수 있습니다.

• **5단계 - 시험해보기**Test: 자, 드디어 마지막 단계입니다. 여러분은 시제품을 사용자에게 제공하고 피드백을 받습니다. 테스트

를 통해 제품이나 서비스의 사용성, 효율성 및 사용자 만족도를 평가하며, 이를 통해 제품을 개선하거나 새로운 아이디어를 도출할 수 있습니다. 테스트는 한두 번으로 끝나지 않습니다. 몇 번이고 반복해야 표본이 쌓입니다. 최종 제품을 빨리 출시하고 싶나요? 조금만 기다리세요. 제품이 시장에 출시되기 전에 필요한 모든 조정을 해야 하니까요.

크리에이티브 씽킹
: 로지컬 씽킹과 디자인 씽킹의 시너지

지금까지 우리가 살펴본 로지컬 씽킹과 디자인 씽킹은 좌뇌와 우뇌를 사용하는 대표적인 문제 해결 방법론입니다. 두 방법론을 제대로 비교하고 곱씹어보기 위해서 주요 속성별로 공통점과 차이점을 정리해봤습니다.

　로지컬 씽킹과 디자인 씽킹은 문제를 해결하는 두 가지 상반된 접근 방식입니다. 이 둘의 차이를 이해하면 여러분은 자기 일상에서 창의성을 더 발휘할 수 있는 방법을 찾을 수 있습니다.

　로지컬 씽킹은 여러분이 학교와 직장에서 자주 활용했던 방식입니다. 예를 들어, 수학 문제 풀이처럼 명확한 답이 있을 때

로지컬 씽킹과 디자인 씽킹의 차이

	로지컬 씽킹	디자인 씽킹
기본 가정	• 합리성, 객관성, 구조적 논리 • 현실은 고정적이며 양적 측정이 가능	• 주관적 경험, 직관, 창의 • 현실은 사회적으로 구성, 비고정적으로 변화
방법론	• 최적해를 추구 • 선형적 사고Linear Thinking	• 현실의 제약조건을 뛰어넘는 창의적 사고를 위한 사고의 확장 추구 • '더 나은' 해답을 향한 반복적인 시도/실험 → 비선형 사고Non-linear thinking
과정	• 계획 중심의 사고 • 문제는 고객으로부터 주어짐	• 실행 중심의 사고 • 문제가 주어지지 않음
의사결정 동인 및 사고 구조	• 논리, 수치 모형 • 연역법, 귀납법	• 감정적 직관, 실험 모형 • 귀추법
추구하는 가치	• 당면 과제 중심 • 통제와 안정성 추구 • 불확실성을 불편해함	• 인간 중심 • 참신함을 추구 • 불확실성을 받아들이고 즐김 [안정을 싫어함]

이 방식이 유용합니다. 로지컬 씽킹은 합리성과 객관성을 강조하며, 모든 것이 정해진 틀 안에서 이루어진다고 가정합니다. 즉, 문제를 해결하기 위해 '정해진 경로'를 따라가는 것이죠. 마치 집에서 영화관까지 가는 최단 경로를 찾는 것처럼, 이미 주어진 문제를 가장 빠르고 정확하게 해결하려고 합니다. 이 방식은 안정적이고 확실한 결과를 원할 때 매우 큰 효과를 발휘합니다. 다만 새로운 아이디어를 창출하기보다는 기존의 문제를 해결하는 데 적합하다는 한계가 있지요.

반면에 디자인 씽킹은 전혀 다른 접근을 요구합니다. 이 방식은 미술 수업 중에 "어떤 그림을 그릴까?" 하고 고민하는 것과 같습니다. 주관적 경험과 창의성을 중시한다는 뜻이죠. 디자인 씽킹은 문제를 단순히 주어진 것으로 받아들이지 않습니다. 문제 자체를 새롭게 정의하거나 전혀 새로운 방식으로 접근하는 것을 추구하기 때문입니다. 예를 들어, 여러분이 집에서 더 편리하게 물건을 정리할 방법을 고민한다고 가정해 보세요. 로지컬 씽킹이라면 기존의 서랍이나 수납공간을 효율적으로 배치하는 데 초점을 맞출 겁니다. 그에 반해 디자인 씽킹은 아예 새로운 정리 방법은 없을까? 하고 고민하고 해결책을 찾는 방법입니다. 이 과정에서는 비선형적인 사고, 즉 다양한 시도와 실험을 통해 더 나은 해답을 찾는 반복적인 과정을 거치게 됩니다.

지금까지 설명한 것을 정리해 볼게요. 로지컬 씽킹이 '정답을 찾기 위한' 사고라면, 디자인 씽킹은 '더 나은 답을 찾기 위한' 사고입니다. 이 둘의 차이는 우리가 어떤 문제를 대할 때 해결책을 정해진 틀 안에서 찾을지, 아니면 틀을 깨고 새로운 방법을 모색할지를 결정짓습니다. 또 다른 예를 들어볼까요? 아이들이 놀이터에서 놀고 있는 광경을 상상해 보세요. 로지컬 씽킹은 아이들에게 놀이 규칙을 설명하고 그 규칙대로 놀이가 이루어지게 합니다. 반면에 디자인 씽킹은 아이들이 자유롭게 규칙을 만들고 새로운 놀이 방법을 창조하게 합니다.

이처럼 디자인 씽킹은 불확실성을 즐기고, 새로운 가능성을 탐구하려는 태도를 강조합니다. 우리가 더 창의적으로 사고하고, 일상에서 작은 변화를 시도하면서 창의성을 키울 수 있는 방법이 될 수 있습니다.

결국, 로지컬 씽킹은 안정성과 통제를 중요하게 생각하고, 디자인 씽킹은 참신함과 인간 중심의 경험을 중시합니다. 창의성을 키우기 위해서는 로지컬 씽킹에만 의존하지 말고, 디자인 씽킹의 요소를 일상에 적극적으로 도입하는 것이 중요합니다. 일상에서 "왜 꼭 이렇게 해야 하지? 다른 방법은 없을까?"라고 스스로 질문을 던져보는 것, 그리고 그 질문을 통해 새로운 시도를 해보는 것이 바로 창의성의 시작입니다.

물론 위 두 가지 영역만으로는 기업의 문제 해결 역량을 모두 설명하기 힘든 부분이 있습니다. 다음 예시를 한번 봅시다.

　"잘 자, 내 꿈꿔!"

　"그녀의 자전거가 내 가슴 속으로 들어왔다"

　"나이는 숫자에 불과하다"

　"생각이 에너지다"

　"혁신을 혁신하다"

　정말 유명한 광고 문구들입니다. 이 광고들은 로지컬 씽킹에 기인한 것인가요, 아니면 디자인 씽킹에 기인한 것인가요? 언뜻 보면 로지컬 씽킹보다 디자인 씽킹에 근거한 것처럼 보이지만, 디자인 씽킹만의 결과로 보이지는 않습니다. 그래서 등장한 것이 바로 '크리에이티브 씽킹'입니다.

　앞서 소개한 광고 문구들을 만든 이는 TBWA KOREA의 박웅현 대표입니다. 그는 창의성을 "문제 해결 역량"으로 정의합니다. 로지컬 씽킹과 디자인 씽킹은 창의적인 문제 해결에 필수적인 도구들이지만, 이제 우리는 한 단계 더 나아가 보려 합니다. 그렇다면 크리에이티브 씽킹이란 무엇일까요? 다음 2부에서는 로지컬 씽킹과 디자인 씽킹을 기반으로 더욱 발전된 사고방식인 창의적 사고와 크리에이티브 씽킹에 대해 자세히 알아보겠습니다.

미야모토
시게루

일상의 경험을 통찰력으로
승화시키는 창의성

CREATIVE THINKING

게임? 혹시 이게 내 길인가?

1980년, 닌텐도는 큰 위기에 직면했습니다. 게임 사업에 뛰어든 닌텐도는 일본에서 그럭저럭 성과를 거둔 〈갤럭시안〉의 모방작 아케이드 게임 〈레이더 스코프〉를 약 3,000개 제작하여 이미 북미 지사로 보낸 상황이었습니다. 1970년대 후반 북미에서 아케이드 게임기가 인기를 끈 이후 〈스페이스 인베이더〉가 크게 인기를 끌었기 때문에 닌텐도는 북미에서도 〈레이더 스코프〉가 통할 것이라 믿었습니다.

그러나 〈레이더 스코프〉의 아케이드 기판은 불과 1,000대 남짓만 팔릴 정도로 최악의 성적표를 받아들었습니다. 당시 야마우치 히로시 닌텐도 사장은 적잖이 당황했고, 재고를 처리하고 재정난을 극복해야 하는 비상사태에 놓였습니다.

이때 닌텐도의 핵심 엔지니어 요코이 군페이가 아이디어를 냈습니다. 아케이드 게임 기판이라는 하드웨어 자체는 보존하면서 저장된 게임 소프트웨어만 교체하고, 새롭게 저장할 게임은 사내 공모전을 열어 아이디어를 받자는 것이었습니다. 야마우치 히로시는 이를 손실을 최소화할 수 있는 매우 획기적인 아이디어라고 판단하여, 사내 공모전을 열게 됩니다. 세상의 모든 기적은 극한의 상황에서 나온다고 하죠. 이 사내 공모전은 궁지에 몰린 닌텐도의 역사를 통째로 바꾼 사건이 되었습니다.

미야모토 시게루宮本 茂는 이 문제의 사내 공모전이 열리기까지 닌텐도에서 공업 디자이너로 근무하고 있었습니다. 그러나 관련된 일보다는 다른 직원의 일을 도와 잡무를 처리하는 시간이 더 많았습니다.

미야모토 시게루가 공모전에 참가한 이유는 딱 한가지였습니다. 어차피 '즐거운 일'이 하고 싶어 닌텐도에 입사했는데, 꼭 완구가 아닌 '게임'도 즐거울 거 같았기 때문입니다. 이에 그는 인기 애니메이션 〈뽀빠이〉를 기반으로 게임의 아이디어를 냈습니다.

닌텐도 입장에서는 아케이드 기기 재고 처리가 목적이었던 만큼, 북미에서 인기가 있던 〈뽀빠이〉 기반의 게임은 최적의 아이디어였습니다. 이렇게 미야모토 시게루의 아이디어는 채택됐고, 난생처음 게임이라는 녀석과 운명적인 만남을 갖게 됩니다.

　이후 그는 본인이 할 수 있는 모든 걸 쏟아내며 게임 하나를 만들어냅니다. 3개월 뒤, 결과물이 나왔는데 그게 바로 저 유명한 〈동키콩〉입니다(한국에서는 '동킹콩'으로 기억하는 이들이 많을 겁니다). 1980년, 북미에 발매된 이 게임은 먼지 쌓인 2,000대의 아케이드 기판에 이식되어 모두 판매되었습니다. 그리고 1년 만에 5만 대가 판매되는 등 그야말로 대박을 일궈냈습니다.

게임 역사에 혁신을 불러온
어느 뚱보 캐릭터의 '점프'

미야모토 시게루의 이야기에서 '마리오'를 빼놓을 수는 없습니다. 그만큼 마리오는 미야모토 시게루가 창조해낸 캐릭터 중에 가장 유명하고 그를 지금의 자리에 있게 한 일등공신이기 때문이죠.

　마리오의 탄생은 다시 〈동키콩〉으로 거슬러 올라갑니다. 미야모토 시게루는 〈동키콩〉을 제작할 당시 게임 제작에 관해서는 아는 것이 별로 없었습니다. 물론 참고할 만한 기준도 없었습니다. 게다가 이 게임은 원래 〈뽀빠이〉의 캐릭터를 사용하려고 했지만, 제작사로부터 사용권을 거부당해 시작부터 난관에 부딪혔습니다. 할 수 없이 그는 모든 걸 직접 만들기로 합니다. 과거 음악에 심취했던 시절을 떠올리며 게임의 배경음악까지 직접 연주해 붙여 넣을 정도였습니다.

미야모토 시게루는 우선 '점프맨'으로 일컬어지는 주인공 캐릭터를 디자인했습니다. 당시 아케이드는 256×224 해상도에 가로 16, 세로 16 도트만이 가능했죠. 그래서 외관에 고유한 특징을 반영한다는 게 무척 까다로웠습니다.

미야모토 시게루는 주인공 머리에 모자를 씌우고 얼굴에 수염을 그려 넣어 포인트를 줬습니다. 코는 일부러 크게 표현해 수염을 더 돋보이게 했고 갈색 티셔츠에 붉은색 멜빵바지까지 입혔습니다. 붉은색 옷은 '점프맨'의 움직임을 더 눈에 띄도록 표현하기 위한 선택이었습니다.

캐릭터를 일부러 뚱뚱하게 디자인한 것도 유명한 일화입니다. 훗날 미야모토 시게루는 "뚱뚱하고 못생긴 남자가 영웅이 돼 공주와 사랑에 빠지는 로망을 표현하고 싶었다"라고 말했습니다. 그가 그 캐릭터에 얼마나 진심을 담았는지를 보여주는 부분입니다.

이렇게 붉은 모자에 주먹코, 덥수룩한 수염 그리고 붉은색 멜

빵바지를 입은 '점프맨'이 탄생했습니다. 보잘것없던 이 캐릭터는 〈동키콩〉 이후 인기가 치솟아 '마리오'라는 정식 이름을 달게 됩니다.

〈슈퍼 마리오 브라더스〉가 전 세계적으로 어마어마한 성공을 거두자 마리오는 닌텐도의 마스코트로 발돋움합니다. 이 캐릭터는 월트디즈니의 미키마우스와 견줄 정도로 폭발적인 인기를 누렸습니다. 〈아톰〉을 보고 자라며 만화가가 되고 싶었던 미야모토 시게루는 게임이라는 줄기 안에서 '마리오'를 만들어 마침내 꿈을 실현한 셈입니다.

게임의 신神이 탄생하다

〈동키콩〉의 성공으로 신임을 얻은 미야모토 시게루는 닌텐도 정보개발부 4팀의 리더로 임명됩니다. 당시 그는 고작 32세였습니다. 팀의 리더가 된 후로는 본격적으로 가정용 게임기, 즉 콘솔consol의 소프트웨어 개발에 착수합니다.

이후 그가 제작해 내놓은 게임이 바로 그 유명한 〈슈퍼 마리오 브라더스Super Mario Bros〉와 〈젤다의 전설The Legend of Zelda〉입니다. 두 게임의 명성은 판매량이 증명해줍니다. 〈슈퍼 마리

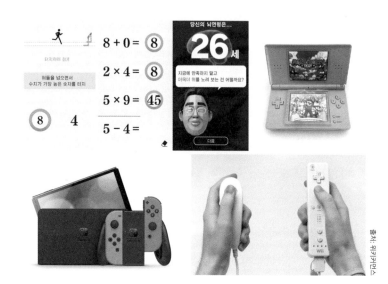

출처: 위키커먼스

오 브라더스〉는 1,000만 장 이상 판매고를 기록했고, 전체 시리즈는 무려 2억 6,000만 장을 돌파하며 역사상 가장 많이 팔린 게임으로 기네스북에 등재되었습니다. 〈젤다의 전설〉은 발매 이후 650만 장을 돌파했고, 전체 시리즈는 4,200만 장이 팔리며 닌텐도의 '별' 중 하나로 군림하고 있습니다.

미야모토 시게루는 이 두 가지 게임으로 크리에이터로서 전세계적인 명성을 얻습니다. 우리는 지금까지 창의성을 이야기해왔지요? 그럼 이 두 게임의 기획에는 어떤 창의성이 반영되었을까요? 특이하게도 두 게임 모두 미야모토의 '경험'과 즐거움에서 시작되었습니다.

〈슈퍼 마리오 브라더스〉의 핵심은 '점프'입니다. 점프로 벽을 넘거나 부수고, 점프로 악당을 물리치고, 점프로 공주를 구해 냅니다. 점프는 무기임과 동시에 비주얼이기도 했습니다. 그는 배경을 검게 하는 대신 하늘을 넣어 화사함을 더했고 캐릭터의 이동에 따라 화면이 움직이는 횡스크롤 게임의 전형적인 모습을 담아냈습니다.

혹시 〈슈퍼 마리오 브라더스〉를 직접 해봤다면, 처음에 가장 놀라운 건 무엇이었나요? 아마도 녹색 파이프에 올라 '↓' 커맨드를 입력했을 때 아닐까요? 그는 아파트 파이프라인이 지하로 연결된다는 사실에 착안해 게임에 이를 도입했습니다. 파이프라인에 들어가는 일종의 '비밀장소'를 넣은 셈입니다. 지금이야 액션 게임에서 '비밀장소'는 핵심 요소지만 당시에는 그야말로 혁신이었습니다.

아마 여러분은 〈슈퍼 마리오 브라더스〉를 가정용 게임기로 즐겼을 겁니다. 하지만 사실 당시에 미야모토는 카트리지(우리 나라에서는 '팩'이라고 불렸지요) 교체식 가정용 게임기의 시대가 곧 저물 것으로 예상했죠.

그런데 어떻게 패미컴에서만 〈슈퍼 마리오 브라더스〉가 3탄 까지 나오게 됐을까요? 결론부터 말하자면 〈슈퍼 마리오 브라더스)가 카트리지 교체식 가정용 게임기 시대를 연장시켜 버렸습니다. 아니, 오히려 빅뱅의 시발점이 되었다고 하는 게 옳을 것 같습니다.

"미야모토 시게루는 게임을 만들었지만, 사실 그것을 창조했다고 보는 게 옳다"는 현대 게임 업계의 대부 빌 로퍼Bill Roper의의 말이 새삼 수긍됩니다. 이렇게 게임의 신이 탄생했습니다.

미야모토 시게루의 삶, 그것이 곧 게임이다

닌텐도와 미야모토 시게루는 원점 회귀라는 목표 아래, '닌텐도 법칙'을 유지하고 있습니다. '닌텐도 법칙'이란 늘 새로운 것을 창조하고, 성별과 세대를 초월한 게임을 내놓는 것을 의미합니다.

'닌텐도 법칙'은 2017년에 '닌텐도 스위치'로 다시 한번 커다란 성공을 거뒀습니다. 스위치는 거치용 콘솔과 휴대용으로 모두 사용할 수 있는 하이브리드 기기로서 가족, 친구와 함께 즐기는 게임 완구로의 회귀를 의미합니다. 과거로의 완벽한 회귀이자 커다란 혁신을 이룩한 스위치는 2024년 6월 기준 1억

4,000만 대가 판매되었고, 소프트웨어 판매량은 무려 12억 장을 넘겼습니다.

미야모토 시게루가 남긴 말 중에 유명한 두 가지가 있습니다.

"인생에 헛된 일이란 없습니다. 모든 경험은 하나의 양식이 되기 때문입니다."

"게임을 만드는 사람이 즐겁지 않으면, 그 게임을 하는 사람도 즐거울 수 없습니다."

위의 말은 미야모토 시게루의 삶에 고스란히 배어 있습니다. 어린 시절 뛰어 놀던 경험은 〈슈퍼 마리오 브라더스〉와 〈젤다의 전설〉을 기획하는 계기가 되었고 음악에 몰두했던 경험은 〈위 뮤직Wii Music〉으로 이어졌습니다.

날이 갈수록 건강이 나빠졌던 그가 운동을 하던 중 떠올린 아이디어를 기획으로 연결한 〈위 피트Wii Fit〉는 건강을 테마로 하여 수많은 유저에게 사랑받았습니다. 결혼한 이후 아이들과 정원을 꾸미다 떠올린 아이디어는 발전을 거듭해 〈피크민Pikmin〉으로 탄생했습니다.

한때 닌텐도에서는 "미야모토 시게루의 취미 생활을 외부에 알리지 말라"는 말이 돌았다고 합니다. 그만큼 그의 취미생활은 곧 게임 소프트웨어로 이어지는 경우가 많았기 때문입니다.

물론 이런 경험을 기반으로 한 게임 제작은 단순히 그의 촉에서 비롯된 것만은 아닙니다. 그만큼 숱한 도전과 실패가 공존했습니다.

특히 닌텐도 위의 아바타 채널인 'Mii'는 기획 단계로부터 무려 20년이 지나서야 완성되었습니다. Mii는 출시에 욕심을 냈다면 훨씬 이전에 내놓을 수도 있었지만, 기술적 지원이 부족하다는 생각에 그는 20년을 기다렸습니다. 완벽하지 않으면 소비자들 역시 받아들이기 어렵다는 그의 신념 때문입니다.

10년이든, 20년이든 기회는 찾아옵니다. Mii는 닌텐도 위의 새로운 기능과 함께 등장했고, 전 세계에서 소통이 가능한 아바타 채널을 만들어냈습니다.

모든 경험은 하나의 양식이 될 수 있다는 말은 바로 여기서 해답을 찾을 수 있습니다. 결국 인생에서 헛된 것은 아무것도 없다는 의미입니다. 이런 인생관이야말로 미야모토 시게루가 빚어낸 창의성의 근원이라 할 만합니다.

미야모토가 게임을 제작할 때 가장 중요하게 보는 것은 '즐거움'입니다. 그렇다면 그 즐거움의 정체는 무엇일까요? 미야모토 시게루는 '직접 조작해서 체험하는 것'이라고 말합니다.

미야모토와 닌텐도의 목표는 지금도 동일합니다. 그것은 바로 '모든 사람이 행복한 미소를 짓게 하는 것'입니다. 이는 단순히 게임을 통한 즐거움을 제공하는 것을 넘어, 사람들의 삶에 긍정적인 영향을 미치고 새로운 가치를 창출하고자 하는 철학을 잘 보여줍니다.

미야모토의 아이디어와 비전은 지금도 게임 산업을 이끌어가고 있으며 앞으로도 많은 사람들에게 즐거움과 영감을 줄 수 있는 새로운 창조물을 만들어낼 것이라는 기대를 받고 있습니다.

미야모토 시게루와 닌텐도의 이야기는 우리에게 진정한 혁신과 창의성의 가치 그리고 자신의 철학을 끝까지 지켜나가는 것의 중요성을 보여줍니다.

그들의 여정은 앞으로도 많은 이들에게 영감을 주고 게임 산업뿐 아니라 다양한 분야에서 새로운 가능성을 모색하는 데 도움이 될 것입니다.

2부

크리에이티브 씽킹의 CMSI 모델®

혁신가들이 창의적으로 일하는 방식

크리에이티브 씽킹을 위한
CMSI 모델®

1부에서 살펴봤듯이 "'일'에서 창의성"이 바로 '크리에이티브 씽킹'입니다. 창조력, 창의력, 창조적 사고 같은 우리말도 많은데 왜 굳이 크리에이티브 씽킹이라는 영어를 쓸까요? 크리에이티브 씽킹이 창조력, 창의력, 창조적 사고와 무엇이 다를까요?

디자인 씽킹이 디자인적 사고가 아니라 디자인 씽킹이라 불리듯이 크리에이티브 씽킹은 창의적 사고라는 단어가 담아내기 어려운 지점이 있습니다. 한번 비교해보겠습니다.

디자인 씽킹은 '디자이너가 생각하는 방식'이 아니라 '문제 해결과 혁신을 위한 사용자 중심의 접근 방식'입니다. 크리에이티브 씽킹 역시 '창의력'이 아니라 '창의적 사고를 추구하며 일하는 방식'이라고 할 수 있습니다.

'날개 없는 선풍기'를 예로 들어볼까요? 어떤 이는 날개 없는

창의적 사고와 크리에이티브 씽킹의 차이점

	크리에이티브 씽킹	창의적 사고
독창성 vs. 실현 가능성	독창적인 생각을 결국 구현해내는 독창성과 실현 가능성의 조합	기존에 생각하지 못했던 새로운 생각, 즉 독창성에 집중
결과 vs. 과정	창의적 사고의 과정, 즉 '씽킹'에 집중	창의적 사고의 결과물에 집중
선천적 vs. 후천적	누구나 연습하면 창의적인 사고와 그 결과물을 만들어낼 수 있음. 즉, 생각의 프레임워크가 중요함.	창의적인 결과물이 어떤 원칙과 틀에 의해 만들어진 것인지 파악하기 어려울 수 있음. 창의적 사고는 천재들의 전유물로 여겨짐.

선풍기가 다이슨에서 일하는 천재 엔지니어의 머리에서 나왔다고 생각할 수 있겠죠. 하지만 실제로는 그게 아니라는 사실은 이 책을 여기까지 읽은 독자라면 잘 알고 있을 겁니다.

'날개 없는 선풍기'는 한두 명의 천재가 만든 게 아니라 다이슨 기업의 크리에이티브 씽킹에서 비롯되었습니다. 날개 없이 바람이 나오는 제품의 독특한 기능과 특징, 개발에 필요한 기술 및 소재와 개발 일정, 핵심 고객과 시장성, 기존 선풍기 제품과의 차별성 등을 입체적으로 살펴서 독창적인 아이디어를 이끌어내는 것이 바로 크리에이티브 씽킹입니다.

크리에이티브 씽킹은 독창성과 실현 가능성의 끊임없는 싸움입니다. 동시에 결과 뒤에 숨어 있는 과정을 파헤치는 일이 기도 하지요.

크리에이티브 씽킹은 피카소 같은 타고난 천재들만 할 수 있는 다른 차원의 능력이 아닙니다. 여러분도 노력하면 마치 영화와 관련된 수많은 책을 도서관에서 읽고 혼자서 사고 훈련을 하고 나서 터미네이터를 만들어낸 제임스 카메론처럼 될 수 있습니다.

즉, 크리에이티브 씽킹은 재능이 아니라 노력해서 얻는 후천

크리에이티브 씽킹의 CMSI 모델

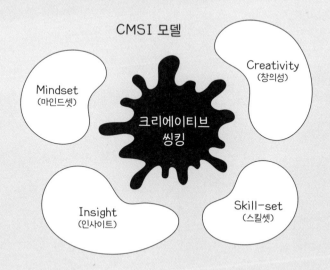

적인 능력입니다.

그럼 여러분이 크리에이티브 씽킹을 자신의 것으로 만들기 위해 반드시 알아야 할 정보를 살펴봅시다.

크리에이티브 씽킹은 네 가지 요소로 구성됩니다. 바로 창의성Creativity, 마인드셋Mindset, 스킬셋Skill-set, 통찰력Insight입니다. 이 네 가지 요소를 줄여서 '크리에이티브 씽킹을 위한 CMSI 모델'이라고 부릅니다.

먼저 창의성을 살펴볼게요. 창의성은 크리에이티브 씽킹의 핵심이자 크리에이티브 씽킹을 할 수 있는지 없는지를 판가름하는 진입 장벽입니다. 영어로 수업하는 석사 과정에 입학하기 위해서는 토플 점수가 일정 수준 이상이어야 하듯이 크리에이티브 씽킹을 위해서는 어느 정도 말랑말랑한 뇌를 갖고 있어야 합니다. 몸무게가 적은 사람이 씨름 시합에서 이기기 어렵듯이, 시력이 좋지 않은 사람이 사격이나 양궁에서 어려움을 겪듯이, 사고가 경직된 사람은 창의성이 낮을 수밖에 없고 크리에이티브 씽킹을 잘하기 어렵습니다.

둘째는 마인드셋입니다. 크리에이티브 씽킹을 잘하기 위해서는 창의적이 되고자 하는 마음가짐 역시 중요합니다. 나처럼 평범한 사람에게 창의성이 있겠어? 하는 마음으로 시작도 하기 전에 포기한다면 가지고 있는 창의성마저 사라지기 십상입니다. 아무리 머리가 좋은 사람이라도 공부하려는 마음가짐이 없다면 좋은 성적을 낼 수 없는 것처럼 창의적인 결과물을 내기 위해서는 말랑말랑한 두뇌도 중요하지만 이를 활용해서 창의적인 생각을 끌어내려는 마인드셋을 반드시 가져야 합니다.

셋째는 스킬셋입니다. '일을 잘한다'라고 평가받는 사람을 보면 IQ도 중요하고 마음가짐이나 목적의식도 중요하지만, 일정 부분은 일하는 방식 그 자체에 영향을 받는다는 사실을 알 수 있습니다. 이는 크리에이티브 씽킹 역시 마찬가지입니다. 창의적인 사고를 가져오는 사고 훈련법, 즉 프레임워크가 존재합니다. 그러한 방법론을 익히고 직접 손을 써봐야 창의적인 사고를 보다 손쉽고 효과적으로 끄집어낼 수 있습니다.

마지막으로 통찰력입니다. 창의적인 사고는 때로는 미래를 내다보는 혜안이나, 여러 현상의 본질을 꿰뚫어보는 직관에서 시작되곤 합니다. 이를 사람들은 포괄적으로 통찰력이라고 표현합니다. 통찰력은 여러 현상과 분야를 포괄하는 통섭적 사고의 결과로서 어린아이보다는 어른이 더 잘하는 영역이고 경험과 노하우에서 비롯되는 경우가 많습니다.

그럼 CMSI 모델에서 각 요소는 어떻게 극대화할 수 있을까요? 우선 창의성부터 알아보기로 하죠.

05

C

창의성을 여는
5가지 열쇠:
독창성에서 정교함까지

CREATIVE THINKING

크리에이티브 씽킹에 능한 혁신가들은
'스나이퍼'로 곧잘 비유되곤 합니다.
사람들은 크리에이티브 씽커란
기관총을 난사하는 '람보'가 아닌
정확히 목표물을 겨눠 한 방에 끝내는
'윈터 솔저'라고 생각하기 때문이죠.

창의성 드라이버

: OFFES

크리에이티브 씽킹을 내 것으로 하기 위한 CMSI 모델의 첫 번째 능력은 창의성입니다(다시 한 번 강조하지만 크리에이티브 씽킹과 창의성은 같은 말이 아닙니다). 창의성은 크리에이티브 씽킹을 실현하기 위한 하나의 잘 닦인 도로라고 할 수 있습니다.

이 창의성을 가장 쉽고 빠르게 연마하고 싶다면 여러분이 가지고 있는 '핵심 능력driver'과 '증폭 도구lever'를 활용하는 게 중요합니다.

핵심 능력은 창의적 결과를 직접 이끌어내는 능력을 말합니다. 각자가 가지고 있는 독창성, 유창성, 융통성, 정교함, 민감성을 포함합니다. 이 성향은 마치 자동차의 엔진과 같습니다. 창의성이라는 차를 앞으로 나아가게 하는 원동력이 되기 때문이죠.

창의적 사고를 가능케 하는 OFFES 드라이버와 레버

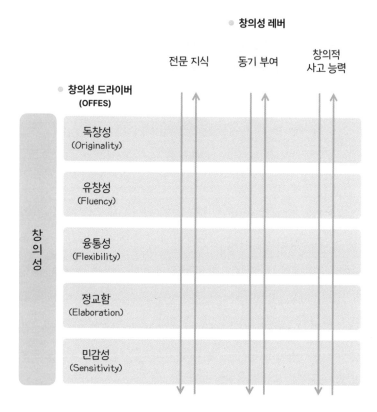

이어서 여러분은 '증폭 도구'를 활용해 핵심 능력의 효과를 높이고 조절하는 방법을 익힐 수 있습니다. 여기서 증폭 도구는 자동차의 기어나 핸들로 비유할 수 있습니다. 누구나 일하면서 창의적 프로세스, 브레인스토밍 기법, 혁신적 업무 환경을 추구하고 또 경험했을 수 있습니다. 이런 것이 증폭 도구의 예입니다.

왼쪽 그림은 핵심 능력과 증폭 도구의 관계를 시각적으로 표현한 것입니다. 창의성의 핵심 능력들(독창성, 유창성 등)이 수평으로 나열되어 있고, 이들은 각종 증폭 도구(전문 지식, 동기 부여, 창의적 사고 능력)에 의해 조절됩니다.

예를 들어, 독창성을 발휘하기 위해서는 단순히 아이디어를 떠올리는 것만으로는 부족합니다. 독창적인 아이디어를 구체화하려면 전문지식과 계속해서 아이디어를 발전시키고자 하는 동기 부여가 필요합니다. 마찬가지로 융통성이 돋보이는 아이디어도 전문 지식이 뒷받침되지 않으면 부실한 임시방편이 될 위험이 있습니다. 즉, 레버들이 작용할 때 비로소 창의적 드라이버들이 완전히 발휘될 수 있는 것이죠.

결론적으로 OFFES라는 드라이버들은 창의적 사고를 위한 기본적인 능력들이며 이러한 능력들이 발현되기 위해서는 레버인 전문지식, 동기, 창의적 사고 능력이 뒷받침되어야 합니다. 이들 요소들이 조화롭게 작용할 때 비로소 창의성을 극대화할 수 있습니다.

독창성

독창성은 아이디어의 양보다는 질적인 측면에서 일반적으로 찾아볼 수 없는 새롭고 독특한 생각이나 산물을 생산해내는 능력입니다. 이는 기존의 사고에서 탈피하여 희귀하고 참신하며 독특한 아이디어나 해결책을 산출하는 능력으로, 창의적 사고의 궁극적인 목표라고 할 수 있습니다. 아울러 다른 사람이 이미 생각했던 아이디어나 문제 해결 방법은 개인이나 사회에 큰 의미가 없다는 점을 고려하면, 독창적인 아이디어는 창의적 사고에서 최고 수준의 사고 능력이라고 볼 수 있습니다.

유연한 사고에서 더 나아가 자기만의 독특한 아이디어를 산출하는 이 능력은 누구나 의식적으로 노력하면 개발할 수 있습니다.

당장 독창적인 사고를 해보고 싶다면 이렇게 해보세요.

첫째, 익숙한 것들에게서 의도적으로 거리를 두세요. 의도적인 거리두기는 인지의 질을 높이고 창의적 사고를 북돋우는 아주 좋은 방법입니다. 예를 들어, 거의 매일 들르는 편의점에 가는 방법보다는 (머릿속에서나마) 파리나 런던에 가는 방법을 생각할 때 더 다양한 아이디어가 나옵니다. 멀리 있는 목적지를 생각하면 더 많은 아이디어를 내고, 더 기발한 경로를 떠올리게 됩니다.

둘째, 엉뚱한 것을 서로 연결해보세요. 브레인스토밍을 자주하는데 결과가 시원찮다면, 무의식적으로 너무 익숙한 것들만 떠올리고는 뒤섞고 있는 건 아닌지 되돌아볼 필요가 있습니다. 익숙한 것을 조합하면 효율은 높아지지만 창의성이 움틀 여유가 없습니다. 익숙한 것들 대신에 관련성이 낮은 단어들을 의도적으로 조합해보세요. 기존에 보지 못했던 독창적인 결과물이 나올 겁니다.

키워드를 '마녀'라고 해볼게요. 동화, 판타지, 저주, 공주, 마법지팡이처럼 익숙한 키워드를 연결해봤자 참신하지 않습니다. 그 대신 이력서, 로켓, 남극, 충전기 같은 키워드를 연결해봅시다. '마녀의 이력서', '마녀의 로켓', '남극의 마녀', '충전기의 마녀'. 어떤가요? 신선해 보이지 않나요?

셋째는 낯설게 만들기입니다. 낯설게 만들기는 사실 뛰어난 예술 작품에서 발견할 수 있는 기법이기도 합니다. 가장 적절한 예가 바로 살바도르 달리Salvador Dalí의 데페이즈망dépayse-ment 기법입니다. 익숙한 사물을 엉뚱한 공간에 배치하는 이 방법은 인지적 충격을 일으켜 새로운 사고를 촉진합니다. 예를 들어 순간접착제는 원래 야전에서 부상 부위를 봉합하기 위해 만들어 졌습니다. 하지만 지금은 집집마다 하나씩은 가지고 있지요. 우버와 에어비앤비는 '개인의 것'을 '모두의 것'으로 제공한다는 아이디어에서 시작되었습니다. 3M 포스트잇, 고어텍스, 아이폰 모두 원래는 지금과 같은 용도로 쓰려던 게 아니었습니다. 여기에 낯설게 만들기의 폭발력이 있습니다. 낯설게 만들기의 성공은 역설적으로 낯설지 않게 되었을 때 실현되는 것이죠.

자, 위와 같은 세 가지 사고법을 습관으로 만들어보세요. 인지의 정확성을 끌어올리고 직감의 질을 높일 수 있습니다.

독창적인 생각은 일상적인 환경에서는 잘 생겨나지 않습니다. 아르키메데스가 목욕탕에서 유레카를 외친 것처럼, 머릿속을 비우고 새로운 것을 채우는 환기, 그리고 낯익은 것을 벗어내는 작은 장치만으로도 독창성을 강화할 수 있습니다.

이러한 훈련과 노력을 통해 우리는 더 독창적이고 창의적인 사고를 할 수 있게 됩니다.

유창성

유창성은 쉽게 말해 양적 반응을 위한 사고입니다. 독창성이 양보다는 질이듯, 유창성은 질보다는 양을 우선하는 사고법이죠.

유창성은 제한된 시간 안에 최대한 많은 아이디어를 빠르게 생산할 수 있게 합니다.

유창성의 핵심은 첫째도 양, 둘째도 양입니다.

그럼 어떻게 해야 많은 아이디어를 떠올리고 또 모을 수 있을까요? 가장 좋은 것은 자연스럽고 편안한 환경입니다. 이때 반드시 기억할 게 있습니다. '비판은 뒤로 미뤄라'입니다.

아이디어를 많이 내기 원한다면 비판을 금지하세요. 평가도 잠정적으로 보류해야 합니다. 그래야 심리적으로 더 많은 아이디어를 낼 수 있는 환경을 조성할 수 있기 때문이죠.

마지막은 양을 질로 바꿀 수 있다는 확신을 갖는 것입니다. 여러분 자신과 팀원들을 믿으라는 말이기도 합니다. 브레인스토밍의 창시자 알렉스 오스본Alex F. Osborn이 주장한 바와 같이 많은 아이디어를 모으면 결국에는 질적으로 우수한 아이디어와 해결책을 만들 수 있다는 기대를 가져야 합니다.

유창성을 위한 마음가짐을 알았으니 이제 실행으로 옮겨봅시다.

우선, 브레인스토밍을 해봅시다. 그다음은 자유연상을 해보세요. 주어진 주제나 단어에 대해 떠오르는 모든 생각을 빠르게 나열해보는 겁니다. 여기까지는 다들 자주 해봤던 것들이죠. 다음으로 제안할 것은 다소 생소한 시간 제한 설정, 마인드맵핑, 역발상 기법입니다.

시간 제한 설정은 평소 회의보다 시간을 짧게 잡아놓고 최대한 많은 아이디어를 내보는 연습입니다. 마인드맵핑은 중심 주제를 중심으로, 관련된 아이디어들을 가지처럼 뻗어나가며 시각화하는 기법입니다. 마지막으로 역발상 기법은 문제를 반대로 생각해보며 새로운 관점에서 아이디어를 도출해보는 것입니다.

유창성 향상에 따른 가장 큰 유익은 다양한 가능성을 손에 넣을 수 있다는 점입니다. 이제 여러분은 많은 아이디어를 생성함으로써 다양한 해결 방안을 고려할 수 있습니다.

유창성은 창의성 증진으로 연결할 수 있다는 것도 빠뜨릴 수 없습니다. 양적인 아이디어는 질적으로 우수한 아이디어 발견의 가능성을 비약적으로 높입니다. 따라서 창의적 문제 해결과 혁신을 위한 중요한 첫 걸음이 됩니다.

마지막은 너도 좋고 나도 좋은 효과로서, 문제 해결 능력 향상과 의사소통 능력 개선입니다. 다양한 아이디어를 통해 문제를 다양한 각도에서 볼 수 있고 여기서 나온 아이디어를 자유롭게 표현하면서 조직에서 의사소통 능력이 향상될 수 있습니다.

아이디어와 창의성이 뛰어난 혁신가를 스나이퍼로 비유하는 경우가 많습니다. 기관총을 난사하는 '람보'보다 정확히 목표물을 겨눠 한 방에 끝내는 '윈터 솔져'에 가깝다 생각하죠.

이 말이 사실일까요? 그랜트는 《오리지널스》에서 우리가 생각하는 창의적인 사람이 사실 람보에 가깝다고 이야기합니다.

"가장 위대한 오리지널스는 가장 많이 실패해본 사람입니다. 왜냐면 가장 많이 시도해본 사람이기 때문입니다. 단 몇 개의 좋은 아이디어를 얻기 위해서는 수많은 나쁜 아이디어가 필요합니다."

회의를 하다 보면 "생각을 하고 말해라"라는 핀잔을 늘어놓는 경우가 있습니다. 이런 말은 아이디어의 양을 제한할 뿐만 아니라 질적 향상의 적이 되기도 합니다. 반드시 기억하세요. 아이디어는 양적 팽창에서 시작해 질적 향상으로 끝난다는 사실을 말이죠.

이쯤에서 셰익스피어를 예로 들지 않을 수 없습니다. 여러분은 셰익스피어의 작품을 몇 개 기억하고 있나요? 실제로 인기를 끌고 대중이 모두 알 만한 작품은 4대 비극에 5대 희극 정도죠. 거기서 몇 가지를 더해도 10편 안팎입니다.

하지만 셰익스피어는 자신의 이름으로 무려 희곡 38편, 소네트(유럽의 정형시) 154편, 장시 두 편을 남겼습니다. 〈아테네의 티몬〉, 〈끝이 좋으면 다 좋다〉 같은 희곡은 잘 알려지지 않았거나 기대보다 못하다는 평가가 많습니다. 셰익스피어가 썼다고 다

재미있거나 작품성이 좋은 건 아닙니다.

클래식도 마찬가지입니다. 모차르트는 35년을 살면서 600여 곡을 썼습니다. 베토벤은 650곡 이상을 썼으며, '음악의 아버지' 바흐의 작품은 1,000여 곡에 이릅니다.

미술은 어떨까요? 피카소는 드로잉만 1만 2,000점, 도자기 2,800점, 유화 1,800점, 조각 1,200점을 남겼습니다. 그런데 우리가 알 만한 그의 작품은 몇 가지가 있을까요?

아인슈타인은 1905년에만 다섯 편의 논문을 발표했는데 그중 네 편이 물리학계의 패러다임을 완전히 뒤흔든 대작이 됩니다. 당시 그의 나이는 26세에 불과했습니다.

이 젊은 과학자의 미래는 훤해 보입니다. 그 뒤의 논문 하나하나마다 파괴력이 엄청날 것 같았죠. 하지만 실제로는 그렇지 않았습니다.

일반상대성이론과 훗날 재평가된 우주상수가 있지만, 그가 남긴 248편의 논문 대부분은 과학계에 별 영향을 미치지 못했습니다(물론 그가 인류 최고의 과학자 중 한 명이라는 데 이견은 없습니다. 오히려 '저명한 과학자의 모든 연구라고 해서 반드시 획기적인 과학적 발견으로 이어지지는 않는다'라는 '낯선 상식'이라고 봐야 하겠죠).

창의적인 아이디어를 모으고 싶나요? 그럼 다다익선을 잊지 마세요. 아니, '다다다다다익선'이라 표현해야 더 와닿을 것 같습니다.

어떤 아이디어가 혁신적일지는 아무도 장담할 수 없습니다. 그러니 일단 많은 아이디어를 내는 것이 진짜 답에 가까워지는 방법입니다.

융통성

앞서 창의성을 위해서는 '말랑말랑한 두뇌'가 필요하다고 했지요.

융통성은 뻣뻣하게 굳은 두뇌, 즉 우리의 경직된 사고를 유연하게 바꿔주는 윤활유라고 할 수 있습니다. 동시에 고정적인 관점, 시각, 사고방식 자체의 틀을 깨고 변환시켜서 아이디어와 해결책을 만들기 위해 필요하죠.

우리는 평소에 지배적인 사고방식이나 자신에게 익숙한 관점에 갇혀 있다는 사실을 망각한 채 늘 하던 대로 문제를 해결하거나 아이디어를 내는 습관이 있습니다.

경직된 사고방식으로 사고를 하면 사고의 진전이 없어서 진부한 아이디어를 내거나 문제를 제대로 해결하지 못합니다. 그러므로 고정적인 사고의 틀에서 벗어나 유연하고 융통성 있게 사고하는 것이 필요합니다. 이런 유연한 사고는 독창적인 사고의 관건이 됩니다.

아이디어의 양이 많아서 유창성이 뛰어난 사람 중에는 의외로 융통성이 부족한 사람도 있습니다. 그러므로 유창성이 향상되었다면 기존의 생각을 전환시켜 다양한 관점을 적용해볼 아이디어나 해결책을 찾는 훈련으로 넘어가보기를 권합니다.

2011년 도쿄 나카노에 문을 연 '마구로 마트マグロ マート'는 종이 창고를 개조해 만든 참치 전문점입니다. 마구로 마트에 들어가면 사람들이 참치를 숟가락으로 퍼먹고 있는 기이한 광경을 목격할 수 있습니다. 이 가게의 간판 메뉴인 참치 갈빗살 나카오치는 2,000엔 정도이고 40센티미터가량의 참치 갈빗대가 통째로 제공됩니다. 고객들은 숟가락으로 갈빗대 사이사이를 긁어먹습니다.

사실 참치의 갈빗살은 그 자체로는 상품성이 떨어집니다. 뼈에 붙어 있어 손질하기 힘들기 때문에 회로 뜨기에 적합하지 않습니다. 하지만 맛에서는 단연 뛰어나 참치 부위 중 가장 기름지고 고소합니다. 그래서 대부분의 식당은 갈아서 참치 덮밥이나 군함말이 초밥에 사용하고 있습니다.

하지만 마구로 마트에서는 상품 가치가 떨어져 버려지거나 곁들임 요리로 활용되던 갈빗살을 주연으로 내놓습니다. 계륵이었던 부위는 독특한 체험의 상품 가치로 바뀌었습니다. 이렇게 마구로 마트가 아니면 경험할 수 없는 '참치를 먹는 독특한 방법'은 손님들의 흥미를 끌었고 입소문을 타고 알려졌습니다.

손님들은 갈빗대가 그대로 나왔다고 해서 불평하지 않습니다. 오히려 숟가락으로 먹는 참치에 재미를 느끼고, 저렴한 가격에 맛있는 부위를 먹게 되어 큰 호응을 보내고 있습니다. 마구로 마트는 버려지는 것에서 아이디어를 발견해내고 기회로 만들었습니다.

정교함

사고의 정교함은 곧 사고의 깊이라고 할 수 있습니다. 즉, 기존의 생각이나 산물을 분석하고 확장하여 보다 세밀하고 구체화시키는 능력이죠. 정교한 사고가 가능하다면 치밀하고 세부적인 검토 능력을 가질 수 있습니다.

정교함은 처음 제안된 아이디어를 발전시키고 표현하는 능력이기 때문에 매우 중요합니다. 여러분 자신이 처한 문제를 세부적으로 검토하거나 문제 이면의 의미를 명확하게 파악하고, 해결책에서 결여된 부분을 찾아 보완하여 결론을 정교하게 다듬을 수 있습니다. 한편 미숙하면서도 다듬어지지 않은 아이디어를 더 치밀하게 정돈할 수도 있습니다.

앞서 아이디어는 양이 무척 중요하다고 강조한 것을 기억하시나요? 정교함은 아이디어를 다양성에서 독창성으로 발전시키는 과정이라고 볼 수 있습니다.

은연중에 갑자기 반짝하고 떠오르는 아이디어가 있습니다. 하지만 바로 써먹기에는 뭔가 부족합니다. 아직 정리가 안 된 생각이기 때문이죠. 그렇다고 절대 그 아이디어를 놓으면 안 됩니다. 모처럼 캐낸 아이디어의 원석이니까요. 이때 우리에게 필요한 연장이 바로 정교함입니다. 원석을 보석으로 세공하듯이, 잘 다듬어지지 않은 아이디어의 가치를 따져 발전시켜야 합니다.

유형이든, 무형이든, 이제 막 나온 산출물은 조야한 수준일 수밖에 없습니다. 기획서, 제안서, 조각, 회화, 건축, 시, 소설, 시나리오, 웹툰, 웹소설을 포함해 어떤 문제를 해결하기 위한 아이디어라도 정교하게 다듬어야 그 진가를 발휘하고 또 계속 이어갈 수 있습니다. 양, 질, 전환, 정교함 다음에는 무엇이 필요할까요? 바로 센스, 즉 민감성입니다.

민감성

'감각이 좋다', '센스 있다'라는 말을 듣는 사람들이 있습니다. 이런 사람들은 민감성을 갖고 있는 이들입니다. 민감성은 말 그대로 감각의 민감함을 뜻합니다. 민간성을 갖고 있는 사람은 일상적인 상황이나 사물을 자세히 관찰하며 작은 변화에도 호기심을 갖고 적극적으로 탐색하고 반응하는 특성이 있습니다.

민감성은 창의성의 한 요소로 지각력과 크게 관련되어 있습니다. 주변 환경에서 오감을 통해 알게 되는 다양한 정보들에 민감한 관심을 보이고, 이를 통하여 새로운 영역을 탐색해 나갈 수 있습니다. 일상생활에서 접할 수 있는 문제나 주의 환경에 대해 세심한 관심을 가지고, 당연히 여겨지는 것에 대해서도 의문을 품고 생각해 보세요.

여러분이 민감한 사람인지 아닌지 확인할 수 있는 방법은 의외로 간단합니다. 오감이 뛰어난 사람은 민감한 사람입니다.

민감한 사람은 다른 이들이 그냥 지나치는 것을 예민한 감각으로 포착하여 새로운 아이디어를 낼 수 있습니다. 그래서 평소에 시각, 청각, 미각, 후각, 촉각, 생각 등을 민감하게 유지하도록 훈련을 해야 합니다.

창의성 레버

: 전문 지식, 동기 부여, 창의적 사고 능력

그럼 이제 '레버'의 개념을 자세히 알아보죠.

'레버'는 창의성을 발휘하기 위한 중요한 도구입니다. 전문 지식, 동기 그리고 창의적 사고 능력이 레버로 기능합니다. 이 세 가지 레버는 창의적 과정에서 드라이버인 OFFES(독창성, 유창성, 융통성, 정교함, 민감성)를 활성화하거나 조절하는 데 핵심적인 역할을 합니다.

• **전문 지식**

전문 지식은 특정 분야나 주제에 대한 깊이 있는 지식과 이해입니다. 창의성에서 전문 지식은 아이디어를 뽑아내고 복잡한 문제를 해결하는 기반이 됩니다.

예를 들어 새로운 전자제품을 개발할 때, 산업디자이너와 엔지니어의 전문 지식은 기술적인 가능성과 디자인의 혁신성을 결정짓는 중요한 요소를 제공합니다. 이런 전문 지식이 풍부할수록 개인은 더욱 독창적이고 세련된 아이디어를 생산할 수 있습니다.

• 동기 부여

동기는 개인이 목표를 향해 나아가도록 추진하는 내부적 또는 외부적 요인입니다. 창의성을 발휘하기 위해서는 강한 동기가 필수입니다. 동기가 강하면 새로운 아이디어를 추구하며 비록 실패하더라도 포기하지 않고 도전을 이어갈 수 있습니다. 한편으로는 자발적인 탐구와 실험을 촉진하며 창의적 과정에서 중요한 추진력을 제공합니다.

• 창의적 사고 능력

창의적 사고 능력은 기존의 생각이나 접근 방식에서 벗어나 새롭고 정형화되지 않은 방법으로 문제를 해결하는 능력을 말합니다.

이 능력은 기존 정보를 새롭고 독창적인 방식으로 재구성하여, 전혀 다른 해결책을 생각해내는 데 필수적입니다. 창의적 사고는 유연성과 유창성을 높이는 데 크게 기여하며, 창의적 결과물의 질과 양을 향상시킵니다.

전문 지식, 동기 부여, 창의적 사고 능력이라는 세 가지 레버는 창의성의 핵심 드라이버인 OFFES의 각 요소를 개선하고 확장하는 데 도움을 줍니다.

다시 한 번 명료하게 정리해 볼까요? 전문 지식은 정교함과 독창성을 높여주고, 동기는 유창성과 융통성을 증진시키며, 창의적 사고 능력은 모든 창의성 요소를 포괄적으로 향상시킵니다.

미래의창

도서목록

홈페이지 **miraebook.co.kr**
페이스북 **facebook.com/miraebook**
인스타그램 **@miraebook**

미래의창

바이킹에서 메이플라워 호까지,
콜럼버스에서 일론 머스크까지
세계사의 주역은 언제나 이주민들이었다!

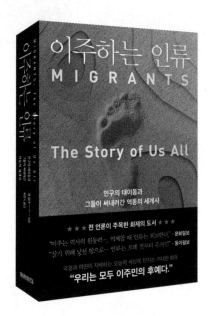

이주하는 인류
인구의 대이동과 그들이 써내려간 역동의 세계사

샘 밀러 지음 | 최정숙 옮김 | 424쪽 | 19,000원

인류의 뿌리, 이주의 역사를 탐험하는 책.
인류의 이주 역사를 통해 현대 이민 문제에 대한 통찰력 있는 해결책을 제시하고, '이주'가 인간의 본질임을 밝히는 매력적인 역사서. 이 책은 인간이 단순히 전쟁과 빈곤을 피해 떠나는 존재가 아니라, 호기심과 모험심으로 세계를 탐험하는 대담한 여행자임을 생생히 보여준다!

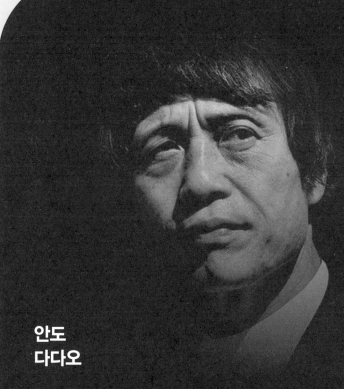

안도
다다오

불완전함을 예술로 만드는
창조적 건축가

CREATIVE THINKING

경계에 갇히지 마라,
불완전함은 약점이 아니다

안도 다다오安藤 忠雄의 독특한 점 중 하나는 정규 건축 교육을 받지 않았다는 것입니다. 그는 독학으로 건축을 공부했습니다. 20세에 《르코르뷔지에 작품집》을 반복해서 베껴 그리며 건축 도면을 외우다시피 했고 1963년에는 일본 일주를, 1965년에는 7개월간 유럽 여행을 하며 직접 건축을 체험하고 배웠습니다. 이러한 그의 학습 방식은 전통적인 교육 과정과 매우 달랐지만, 오히려 그만의 독특한 시각과 접근 방식에 큰 역할을 했습니다.

안도는 자신의 비정통적인 배경에 대해 이렇게 말합니다. "일본도 한국과 마찬가지로 학력주의 사회입니다. 나는 전문학교

콘크리트의 미학적 가치를 재발견하고 빛과 공간을 혁신적으로 활용하여 현대 건축의 새로운 지평을 열었다고 평가받는 안도 다다오의 '빛의 교회'.

도 나오지 않았지만 절망하지 않았고, 지금도 계속 희망을 찾아 나아가고 있습니다." 이 말은 그의 끈기와 열정 그리고 자신만의 길을 개척해 나가는 용기를 잘 보여줍니다.

빛과 자연을 품은 건축 철학

안도의 건축 철학은 1965년 '일본 근대 건축의 영웅' 단게 겐조

丹下健三의 건물을 보고 형성되기 시작했습니다. "건축은 설계와 시공 그리고 이후 운영을 통해 계속 성장해 나가는 것입니다. 겐조의 건축물을 보며 나도 협업으로 저렇게 근사한 건물을 만들어야겠다고 결심했습니다."

안도의 대표적인 작품을 살펴보면 그만의 독특한 건축 철학을 발견할 수 있습니다. '빛의 교회', '물의 교회', '물의 절', 나오시마 프로젝트, 제주 본태박물관, 서울 마곡동 엘지아트센터 등이 그의 대표작으로 꼽힙니다. 이 중 '빛의 교회'는 안도의 건축 철학이 가장 잘 드러난 작품으로 평가받습니다.

'빛의 교회'는 십자가 모양의 틈새로 들어오는 빛이 공간을 가로지르는 교회입니다. 콘크리트의 차가움과 빛의 따뜻함이 절묘하게 조화를 이루며 영적인 분위기를 자아냅니다. 이 작품은 안도가 빛을 건축의 핵심 요소로 활용하는 방법을 잘 보여 줍니다.

'물의 교회'와 '물의 절'에서도 안도의 창의성이 잘 드러납니다. 이 건물들은 물을 건축의 주요 요소로 활용하여, 자연과 인공의 경계를 모호하게 만들고 명상적인 공간을 창출합니다. 이러한 접근은 많은 건축가들과 비평가들로부터 혁신적이라는 평가를 받았습니다. 안도는 이를 통해 건축물이 단순히 기능적인 공간을 넘어 정신적, 감정적 경험을 제공할 수 있음을 보여주었습니다.

제주도의 본태박물관은 그가 한국에 지은 대표적인 건축물입니다. 이 박물관은 제주도의 자연 환경과 문화적 특성을 세심하게 고려하여 설계되었습니다. 박물관은 제주도의 현무암을 활용하고, 바다와 하늘을 조망할 수 있는 구조로 설계되어 제주의 자연과 완벽한 조화를 이루고 있습니다. 이 프로젝트를 통해 안도는 지역성과 현대성을 결합하는 그의 창조적 접근을 다시 한 번 보여 주었습니다. 이는 안도의 건축이 단순히 보편적인 미학을 추구하는 것이 아니라, 각 장소의 고유한 특성을 반영하고 존중한다는 특징을 증명합니다.

불완전함과 결함에서 찾은 아름다움

안도의 건축에서 가장 중요한 요소는 노출 콘크리트와 빛입니다. 그는 "누구나 쉽게 구할 수 있는 재료로 아무나 만들 수 없는 건축을 하고 싶었습니다"라며 콘크리트를 "가장 단단하고 비용도 저렴한 해결책이며, 내 창의성의 한계를 시험하는 도전"이라고 설명했습니다. 이는 안도가 어떻게 일상적인 재료를 통해 비범한 결과를 만들어 내는지를 잘 보여줍니다.

빛에 대해서는 "르코르뷔지에의 롱샹성당을 보고 빛을 추구하는 것만으로도 건축이 가능하다는 것을 깨달았습니다. 빛은 희망입니다. 나는 희망이 있는 건축을 만들고 싶었습니다"라고 말했습니다. 이 말은 안도에게 있어 건축이 단순한 물리적 구조물이 아니라 정신적, 감정적 경험을 제공하는 매개체임을 보여줍니다.

안도의 건축은 단순히 아름다운 공간을 만드는 것을 넘어 사회적 변화를 이끌어내는 힘을 가지고 있습니다. 그의 대표작 '나오시마 프로젝트'에 대해 "나오시마는 사람들이 찾지 않는 곳, 처음에는 아주 절망적인 곳이었지만 지금은 1년에 70만 명이 방문하고 있습니다"라며 "아이를 정성껏 키우듯이 건축도 계속 성장시켜 나가야 합니다"라고 강조했습니다.

현재 그는 건강을 잃었지만 여전히 사람들에게 희망과 도전을 이야기합니다. 그는 '청춘은 인생의 시기가 아닌 어떠한 마음가짐'이라는 사무엘 울만의 시 '청춘'을 인용하며 "육체적 체력과 지적 체력의 중요성"을 강조합니다. "지금도 하루에 1만 보를 걷고, 식사는 30여 분 천천히 먹습니다. 하루 한두 시간은 꼭 공부를 합니다"라고 말하며 끊임없는 자기계발의 중요성을 강조합니다. 이는 안도가 나이와 건강 상태에 관계없이 계속해서 성장하고 발전하려는 자기계발 의지를 가지고 있음을 보여

안도 다다오의 건축은 지역 특유의 자연을 건축의 한 요소로 활용해 아름다움을 빚어낸다. 왼쪽은 제주 본태박물관, 오른쪽은 교토 타임즈이다.

줍니다.

안도 다다오의 삶과 건축에서 우리는 창의성의 본질을 발견할 수 있습니다. 그것은 바로 불완전함을 받아들이고 새로운 가능성으로 전환하는 능력입니다. 와튼경영대학원 교수 애덤 그랜트Adam Grant는 안도를 '불완전주의자'라고 칭하며, 그의 접근 방식이 일본의 '와비사비 정신'과 맞닿아 있다고 설명합니다.

"불완전함의 미덕입니다. 저는 안도 다다오를 통해 탁월함은 완벽을 추구하는 게 아니라 적절한 불완전함을 받아들이는 과정이라는 걸 배웠어요"라고 그랜트는 말합니다. 안도의 건축 철학이 단순히 미적 완벽성을 추구하는 것이 아니라, 불완전함 속에서 아름다움과 의미를 찾는다는 의미입니다.

　안도의 창의성은 단순히 미적인 아름다움을 추구하는 것을 넘어, 사회와 환경에 대한 깊은 고민과 통찰을 포함합니다.

06

생각의 도약:
마인드셋의 힘

CREATIVE THINKING

키워드를 '마녀'라고 해볼게요.
동화, 판타지, 저주, 공주, 마법지팡이처럼
익숙한 키워드를 연결해봤자 참신하지 않습니다.
그 대신 이력서, 로켓, 남극, 충전기 같은
키워드를 연결해 봅시다.
'마녀의 이력서', '마녀의 로켓', '남극의 마녀',
'충전기의 마녀'. 어떤가요?
신선해 보이지 않나요?

창의적인 사고, 즉 크리에이티브 씽킹은 단순히 독창적인 아이디어를 떠올리는 것을 넘어선 일입니다. 크리에이티브 씽커들은 문제를 해결하고 새로운 기회를 찾아내기 위해 특정한 방식으로 세상을 바라보는 법을 터득합니다. 그 핵심에는 8가지 마인드셋이 자리하고 있습니다.

그것은 바로 호기심, 공감과 집착, 디테일, 끈기, 상상하기, 연결적 사고, 비유법, 오감을 통한 사고입니다. 너무 많아 보일 수 있는데, 사실 이 마인드셋들은 누구나 쉽게 익힐 수 있습니다. 서로 유기적으로 연결되어 있고 우리에게 이미 익숙한 감각과 사고의 연장을 통해 작동하기 때문입니다. 결과적으로 이 8가지 마인드셋은 창의적인 문제 해결을 위한 도구 상자라고 할 수 있죠.

그럼, 이제 이 도구 하나하나를 자세히 살펴보도록 하겠습니다.

1. 경이감과 호기심을 잃지 마세요

어린아이와 대화해보면 그 천진난만한 생각과 신선한 아이디어에 놀랄 때가 종종 있습니다. 아직 때묻지 않아서라고 치부하기엔 세상을 바라보는 시각과 감각의 영민함에 큰 깨달음을 얻는 경우가 많습니다.

우리는 모두 타고난 호기심과 신비로운 것에 대한 경이로움을 지니고 이 세상에 발을 내딛습니다. 그러나 고등교육을 받고 나이를 먹어가면서, 이른바 '사회화' 과정을 거치며 어린 시절의 순수한 호기심이 서서히 사라지곤 합니다. 호기심은 마치 자주 사용하지 않으면 쉽게 약해지는 근육과 같아서, 나이가 들수록 그 기능을 상실하기 쉽습니다.

"어른들은 누구나 처음엔 어린이였지만 그것을 기억하는 어른은 별로 없다"라는 생텍쥐페리의 말처럼 우리도 무의식중에 마음속의 어린아이를 잃어가고 있는 것은 아닐까요?

독일의 대문호 괴테의 이야기는 우리에게 큰 영감을 줍니다. 그가 82세의 나이에 《파우스트》를 완성했다는 사실은 놀랍습니다.

《파우스트》의 초기 구상은 24세 때였습니다. 완성까지 거의 60년이 걸린 대작입니다. 죽음을 불과 1년 앞두고 탈고한 이 작품은 독일 문학의 최고봉으로 평가받고 있습니다. 더욱 흥미로운 점은 이 작품의 아이디어가 어린 시절 본 인형극에서 비롯되었다는 것입니다. '파우스트'라는 이름의 마법사 이야기를 다룬 인형극에 푹 빠진 소년 괴테의 모습을 상상해보면, 우리 안의 잃어버린 호기심을 되찾고 싶은 마음이 들지 않나요?

괴테의 호기심은 남달랐습니다. 새의 깃털이 어떻게 붙어있는지, 꽃잎 받침대는 어떤 구조인지 주변의 작은 것 하나하나에 관심을 가졌죠. 이런 호기심은 그의 노년에 이르기까지 창의성과 상상력의 원천이 되었습니다. "작가는 여든의 나이에도 소년의 마음을 가져야 합니다"라는 그의 명언은 우리에게 시사하는 바가 큽니다. 나이와 상관없이 호기심을 유지하는 것의 중요성을 일깨워주니까요.

아인슈타인, 레오나르도 다빈치 같은 천재들도 어린아이 같은 호기심으로 세상을 봤습니다. 이들의 사례는 호기심이 창의성의 근간이 된다는 것을 보여줍니다. 아이의 순수한 궁금증, 말랑말랑한 감수성이 상상력을 키우고, 여기서 유연한 사고가 자라나는 것입니다.

현대 학자들은 이러한 특성을 '인지적 유연성'이라는 개념으로 설명합니다. 다양한 개념을 받아들이고 변화하는 환경에 적응하며 목표를 달성하는 능력이라고 할 수 있습니다. 유연한 사고는 새로운 아이디어를 만들어내고, 서로 다른 아이디어를 연결하는 데 필수적입니다. 이는 문제 해결 능력과 업무 역량 향상에도 큰 도움이 됩니다.

비즈니스 세계에서도 호기심과 창의성의 가치는 여전히 중요합니다. 스티브 잡스, 조지 루카스George Lucas, 존 헨드릭스 John Carl Hendricks 같은 혁신가들은 모두 호기심과 창의성을 성공의 핵심 요소로 꼽았습니다. 이들의 사례는 현대 사회에서도 어린아이 같은 호기심과 창의적 사고가 얼마나 중요한지를 잘 보여줍니다.

우리 모두에게는 호기심 가득한 내면의 어린아이가 있습니다. 이 아이를 되살리고 키워 나가는 것이 창의성을 발휘하고 혁신을 이루는 열쇠가 됩니다. 여러분이 몇 살이든 상관없습니다. 세상을 새로운 시각으로 바라보고, 끊임없이 질문하며, 상상력을 펼치는 습관을 기른다면 더 창의적이고 혁신적인 삶을 살 수 있습니다.

2. 공감하고 집착하세요

고객과 공감하기 위한 방법으로는 크게 세 가지가 있습니다.

관찰, 인터뷰 그리고 이머전immersion입니다. 이머전이란 '고객과 뒤엉켜 함께 생활하고 느끼는 것'을 뜻합니다. 고객을 이해하기 위해 직접 고객이 되어본다는 의미이기도 합니다.

하지만 이머전은 실행이 어렵습니다. 시간도 오래 걸리고 비용도 많이 들죠. 그럼에도 고객의 언어나 행동, 표정 뒤에 숨은 통점pain point을 진정으로 이해하려면 그들처럼 살아보는 것 외에는 달리 방도가 없습니다. 이머전을 제대로 진행한 몇 가지 디자인 씽킹 사례를 보겠습니다.

산업디자이너 패트리샤 무어Patricia Moore는 노인을 위한 냉장고 손잡이를 개발하기 위해 매우 급진적인 이머전을 실천했습니다. 무어는 26살 때 냉장고 디자인 미팅에서 "관절염을 앓거나 손 힘이 약한 노인이 쉽게 열 수 있는 냉장고 손잡이를 개발하는 건 어떨까요?"라는 다소 엉뚱한 아이디어를 냈습니다. 상사는 "우리는 그런 부류의 사람들을 위해 디자인을 하지는 않아"라고 말하며 차갑게 웃었습니다.

상사의 말에 자극받은 무어는 '그런 부류의 사람'이 되어보기로 결심합니다. 하얀 가발을 쓰고, 지팡이를 짚었으며, 일부러 평소보다 작은 신발을 신었고, 무릎까지 덮는 스타킹 안에 솜과 휴지 등을 채워 부은 듯한 다리를 연출했습니다. 그리고 도수가 맞지 않는 안경을 써서 앞이 잘 안 보이게 했고, 귓속에는

굿 그립스와 임브레이스 인펀트 워머 굿 그립스의 디자인에는 세심한 관찰과 사용자를 위한 배려가 녹아 있다. 인펀트 워머는 간단한 원리이지만 수많은 아기들의 목숨을 구했다. 이처럼 '이머전'을 통해 고객의 입장에서 생각하고 경험해보는 것이 혁신적인 제품 개발의 핵심이다.

솜을 넣어 소리가 잘 안 들리게 했죠. 이렇게 분장하고 나서 무어는 노인들이 자주 가는 공원으로 출근했습니다. 무려 3년의 공원 출근 끝에 무어는 남녀노소 누구나 손쉽게 사용할 수 있는 '굿 그립스'라는 주방용품을 개발합니다. 기구의 손잡이 크기를 키우고, 잘 미끄러지지 않게 고무 재질로 감싸서 노인들도 안전하게 쓸 수 있게 한 거죠. 굿 그립스는 지금도 유니버설 디자인(제품, 시설, 서비스 등을 이용할 때 나이, 장애, 언어의 제약을 받지 않도록 설계하는 것)의 대표적 제품으로 평가받습니다.

또 다른 사례는 임브레이스Embrace의 '인펀트 워머infant warmer'입니다. 임브레이스는 스탠퍼드대학교 대학원생이었던 라훌 패니커Rahul Panicker가 인도에 세운 사회적 기업으로, 인펀트 워머는 영아의 체온 유지를 위해 개발한 인큐베이터입니다. 인펀트 워머 덕분에 병원에서 수천 킬로미터 떨어진 외진 마을의 산모도 인큐베이터의 체온 유지 기능을 쓸 수 있었습니다. 인펀트 워머를 개발하기 위해 임브레이스의 개발팀은 병원과 먼 외딴 마을에서 석 달간 생활했습니다.

　모든 이머전이 몇 달, 몇 년씩 걸리는 건 아닙니다. 이머전의 기간은 중요하지 않습니다. 석 달로도 적절한지, 4년 이상 걸릴지는 아무도 모릅니다. 이런 경험은 실제로 해보지 않으면 알 수 없습니다. 실제 고객처럼 살아보는 행동 자체만으로도 관찰이나 인터뷰로는 얻을 수 없는 더 깊은 깨달음을 얻을 수 있습니다.

3. 디테일에서 시작하되 숲을 보세요

크리에이티브 씽커들을 자세히 살펴보면 한 가지 공통점이 있습니다.

　디테일에 광적으로 집착한다는 점입니다.

　가장 널리 알려진 이는 스티브 잡스입니다. 그는 천재성만큼이나 불같은 광기로도 유명했습니다. 프레젠테이션을 준비하다 마음에 들지 않으면 주변 스텝들에게 슬라이드 자료를 집어 던지고 무대 담당자에게 크게 화를 냈습니다. 제품 개발에 두 달이 걸린다고 하면 일주일 내에 끝내라고 엔지니어를 거의 협박하기까지 했죠.

달성할 수 없을 것만 같은 도전적인 과제를 내는 것으로 유명했던 잡스는 어느 날 한 디자이너에게 다음과 같은 주문을 내렸습니다. "컴퓨터 케이스에 나사가 하나도 보이지 않도록 디자인하게!"

디자이너는 몇 달 동안 철야를 하며 디자인 작업에 매진했지만 나사를 하나도 안 쓰고 컴퓨터를 디자인한다는 것은 '미션 임파서블'이었습니다. 잡스에게 보고를 며칠 앞둔 상황에서 막다른 길에 몰린 디자이너는 컴퓨터 케이스 가장 밑에 잘 보이지 않을 만한 미세한 나사 하나를 남기고 작품을 마감했습니다.

결과물은 단순하고 깔끔했습니다. 수많은 나사와 여러 가닥의 연결선이 덕지덕지 붙어 있는 경쟁사의 디자인에 비하면 매우 우수했죠. 하지만 불행하게도 이 작은 나사 하나는 잡스의 눈에 띄었고 디자이너는 결국 해고되었습니다.

스티브 잡스가 이뤄낸 수많은 혁신적인 제품과 서비스는 디테일에 대한 광적인 집착이 빚어낸 결과물입니다. 물론 주변 사람들과 팀원들은 힘들었을지 모르지만 고객에게 전달되는 제품의 이면에는 디테일부터 차근차근 챙긴 그의 혁신적 마인드가 자리 잡고 있는 것입니다.

물론 스티브 잡스가 디테일만 챙긴 것은 결코 아닙니다. 피처폰 시대에서 디지털 전환을 가져올 수 있는 마중물로서 스마트폰 시장을 개척한 그의 선구안은 숲을 보는 큰 관점에서 비롯된 것입니다.

여기서 우리는 크리에이티브 씽커란 디테일에 강하지만 실은 그보다 한 단계 위에서 전체를 조망하는 관점을 겸비한다는 사실을 알 수 있습니다. 마치 카메라 렌즈의 줌인과 줌아웃처럼 프로젝트를 매우 효과적으로 분석하고 진행했던 겁니다.

그렇다면 디테일을 챙기면서 큰 그림을 보기 위한 방법론은 없을까요? 다음의 세가지 질문을 기억하십시오.

- How? = 어떻게? 어떤 방법으로? 어떤 방향으로?
- Why? = 왜? 어째서? 무엇(누구) 때문에?
- So what? = 그래서 뭔데? 진짜 문제가 뭐야? 얼마나 효과가 있는데?

크리에이티브 씽커로 가는 '사다리 타기 기법'

사다리 타기의 기본 개념은 상상 속에서 사다리를 오르내리며 세 가지 질문을 던져보는 겁니다. 여러분은 이 과정을 통해 해결해야 하는 문제를 다양한 각도에서 바라볼 수 있습니다.

세 가지 핵심 질문

"어떻게?" (How?): 구체적인 방법을 찾을 때 사용
"왜?" (Why?): 더 깊은 이유나 원인을 찾을 때 사용
"그래서?" (So what?): 중요성이나 의미를 파악할 때 사용

사다리 내려가기 = "어떻게?"

- 사다리를 내려가면서 "어떻게 할 수 있을까?"라고 질문
  합니다.
- 낮은 시야로 문제를 자세히 뜯어보며 실제로 실행 가능
  한 구체적인 아이디어를 찾습니다.

사다리 올라가기 = "왜?"

- 사다리를 올라가면서 "왜 그런 걸까?"라고 질문합니다.
- 더 높은 시야로 더 큰 그림을 보고 창의적인 아이디어를
  얻습니다.

사다리에서 멈추기 = "그래서?"

- 가끔 사다리에서 멈춰서 "이게 정말 중요한 걸까?" 하고
  자신에게 물어봅니다.
- 지금까지의 생각을 정리하고 핵심을 파악하는 데 도움이
  됩니다.

사다리 타기 기법은 우선 혼자 연습해보세요. 그리고 익숙해졌다면 다른 사람들과 함께 해보세요. 처음에는 어색할지 모릅니다. 잘 안 될 수도 있고요. 하지만 계속 연습하면 크리에이티브 씽커가 되기 위한 디테일한 시각, 넓은 시야, 효율적인 사고능력을 기를 수 있습니다.

4. 끝까지 팔을 뻗으세요

크리에이티브 씽커들에게서 볼 수 있는 또 다른 특징은 끈기입니다. 더 적나라하게 표현하자면 싸움닭 정신이라고 할 수 있겠습니다.

　싸움닭 정신은 앤절라 더크워스Angela Duckworth가 소개한 '그릿GRIT'과 일치합니다. 앤절라는 본래 맥킨지에서 컨설턴트로 일했습니다. 그러나 컨설턴트보다는 교사가 자신의 천직임을 깨닫고 고액 연봉의 자리를 박차고 나와 박봉의 공립학교 선생님이 되어 아이들에게 수학을 가르칩니다. 그곳에서 그녀는 소위 머리 좋은 학생들 중 일부가 예상 외로 그저 그런 성적을 거두고, 높은 학업 성적을 보이는 학생 중 많은 수가 사회 통념상 '머리 나쁜' 아이들이었다는 사실을 발견합니다. 그리고 의문을 품지요. 이어서 '인생의 진정한 성공에는 재능이나 성적보다 더 중요한 무언가가 작용한다'라는 가설을 수립합니다.

그 '무언가'를 알아내기 위해 심리학 연구를 시작한 더크워스는 미 육군사관학교 신입생 훈련에서 누가 끝까지 살아남는지, 문제아들만 있는 학교에 배정된 초임 교사들 중 누가 그만두지 않고 아이들을 가르치는지, 거절이 일상인 영업직에서 어떤 영업사원이 중도에 포기하지 않고 좋은 판매 실적을 내는지를 연구했고 그 모든 성공의 한가운데에 '그릿'이 있음을 밝혀냈습니다.

즉, IQ보다는 그릿이 더 중요합니다. 잡을 수 없는 곳까지 팔을 뻗기 위해서는 끈기와 열정이 필요합니다. 그릿은 포기하지 않고 노력하는 힘이며 역경과 실패 앞에서 좌절하지 않고 끈질기게 견딜 수 있는 마음의 근력을 의미합니다.

요컨대 분야에 상관없이 대단히 성공한 사람들은 회복력이 매우 뛰어났고 부지런했으며 자신이 원하는 바를 깊이 그리고 아주 구체적으로 이해하고 있었습니다. 그들은 결단력이 있을 뿐 아니라 나아갈 방향도 알고 있었습니다. 성공한 사람들이 가진 특별한 점은 열정과 결합된 끈기였습니다.

1940년 하버드대학교에서 진행된 한 연구도 끈기의 중요성을 시사합니다. 이 연구는 80년이 지난 오늘날까지 우리에게 중요한 교훈을 전해주고 있습니다. 연구진은 하버드대학교 2학년 생 130명을 대상으로 최대 5분간 고강도로 설정된 러닝머신을 달리게 했습니다. 대부분의 학생들은 4분을 넘기지 못했지만, 이를 통해 연구진은 참가자들의 '지구력과 의지력'을 측정할 수 있었습니다.

수십 년 후, 후속 연구를 통해 이 실험 참가자들의 삶을 추적 조사했습니다. 연구진은 참가자들의 경제적 성취, 경력 발전, 사회 활동, 직장 및 가정생활 만족도, 정신 건강 상태 등 다양한 측면을 조사했습니다. 놀랍게도 20대 초반에 러닝머신에서 보인 인내심이 수십 년 후의 개인적 성공과 삶의 만족도와 높은 상관관계를 보였습니다. 이는 젊은 시절의 열정과 끈기가 평생의 성공을 좌우하는 핵심 요소로 작용했음을 시사합니다.

그렇다면 이러한 그릿 또는 '싸움닭 정신'을 어떻게 기를 수 있을까요? 더크워스는 다음과 같은 방법을 제안합니다.

첫째, 자신의 관심사와 직업의 목적을 최대한 일치시키세요. 이 둘이 가까울수록 끝까지 해내고자 하는 의지가 강해집니다.

둘째, 질적으로 차별화하는 연습을 하세요. 단순히 남들과 같은 방식으로 연습하는 것은 충분하지 않습니다. 더 효과적이고 창의적인 방법을 찾아 노력해야 합니다.

셋째, 높은 수준의 목적의식을 가지세요. 단순히 명문대 진학이나 고액 연봉과 같은 표면적인 목표를 넘어, 더 깊고 의미 있는 인생의 목적을 설정하세요.

넷째, 희망을 잃지 마세요. 현재의 어려움에도 불구하고 밝은 미래를 믿는 것이 인내의 원동력이 됩니다.

13세기 페르시아의 시인이자 학자였던 젤라레디니 루미 Celâleddîn-i Rumi의 말은 이러한 끈기와 열정의 중요성을 잘 보여줍니다.

"모든 것이 당신에게 불리해 보이고, 단 1분조차 견뎌내기 힘들 때라도, 절대 포기하지 마세요. 그 순간이 바로 당신의 인생이 변화하는 시점일 수 있습니다."

5. 상상하기를 즐기세요

혁신가들의 크리에이티브 씽킹 과정을 살펴보면 뛰어난 상상력과 끊임없는 탐구 정신이 돋보인다는 점을 알 수 있습니다. 이들은 독서를 통해 지식에 폭과 깊이를 더하고 새로운 경험을 하기 위해 오지 탐험을 감행하거나 주변의 만류에도 불구하고 도전적인 모험을 멈추지 않습니다.

실비아 얼Sylvia Earle은 저명한 해양 생물학자로 심해 연구와 해양 보존 분야에 이름을 남겼습니다. 그녀는 해양 생태계 연구를 위해 새로운 잠수 기술과 장비를 개발하고 테스트에 직접 참여하는 한편 심해 탐사에 앞장섰습니다. 심해는 그 자체로 미지의 위험으로 가득한 곳입니다.

수천 시간을 수중에서 보내고, 단독으로 수심 300미터까지 잠수하고, 다양한 강연과 저술 활동을 하면서 실비아 얼은 과학의 진보뿐 아니라 환경 보호에 크게 공헌했습니다.

이렇게 창의성과 혁신을 단순한 상상에서 끊임없는 학습, 경험 그리고 도전으로 연결하면 새로운 것을 실현할 수 있습니다.

그럼 '상상력을 자극한다'는 것은 대체 어떤 일일까요? 크게 두 가지 방법을 소개해 보겠습니다.

먼저 귀추법입니다. 귀추법이란 자신이 관찰을 통해 얻은 사실로부터 '가장 그럴듯한 최선의 설명'을 끌어내는 방법입니다. 연역법은 일반적 명제에서 구체적 결론을 필연적으로 이끌어내지만, 귀추법에서는 명제로부터 결론이 필연적으로 따라 나오지 않습니다.

귀추법은 귀납법에 가깝습니다. (물론 명확한 차이도 있죠) 귀추법과 귀납법이 비슷한 점은 둘 다 확장적 성격이라는 것입니다. 전제보다 결론에 담긴 의미가 더 큽니다. 하지만 귀납법은 사실에서 관찰한 빈도나 통계적 사실만으로 결론을 내지만, 귀추법은 사실에서 추론해낸 다양한 설명 가운데 가장 그럴싸한 설명 하나만을 골라낸다는 차이점이 있습니다. 즉, 귀추법의 결론에는 참과 거짓의 구분이 불투명합니다.

귀추법을 가장 잘 설명하는 예가 애플 아이폰입니다. 애플이 아이폰을 개발할 당시 스티브 잡스는 아이폰의 모서리를 둥글게 디자인하고 싶었습니다. 그래야 소비자가 제품을 안전하게 느끼고 편안하게 사용할 수 있을 것이라는 생각이었죠. 그러나 제작과 비용상의 이유로 둥근 모서리를 반대하는 이들이 많았습니다. 잡스는 자신의 주장을 관철시키기 위해 도로 표지판부터 시작해 모서리가 둥근 물건을 모조리 골라 보여줍니다.

"세상의 모든 안전과 관련된 물건의 모서리를 봐! 둥글잖아!"

다소 과격했지만 잡스는 '가장 그럴듯한 최선의 귀추법'을 끌어냈습니다.

실제로 디자이너들은 귀추법의 세계에서 살아갑니다. 언제나 새로운 데이터와 정보를 찾고, 세상이 당연하게 받아들이는 명제에 도전하며 새로운 세계를 그립니다. 그렇게 기존 비즈니스 업계와 세상을 놀라게 합니다.

두 번째는 'How Might We 질문법', 줄여서 'HMW질문법'입니다. 이른바 '혁신 기업'이라 불리는 조직들은 혁신으로 가는 첫 번째 프로세스를 "How Might We?"라는 질문에서 시작합니다.

"우리라면 어떻게 했을까?"

"우리가 이렇게 해보면 어떨까?"

"만약 이런 상황이면 어떨까?"

굳이 한국어로 해석해보면 이렇습니다. 정말 다양한 문장으로 해석 가능한, 꽤 오묘한 문장입니다.

HMW의 개념을 만들고, 40여 년간 HMW의 가치를 알린 경영 컨설턴트 민 바사더Min-Basadur는 이렇게 말합니다.

"사람들은 종종 '우리는 이것을 어떻게 할 수 있을까?' 혹은 '우리는 이것을 어떻게 해야 할까?' 같은 질문으로 문제를 해결하려 하죠. 하지만 '할 수 있을까can'와 '해야 할까should'는 판단을 강요하는 언어로 사람들의 사고를 경직시킨다는 사실을 명심하세요. '할 수 있을까'나 '해야 할까'를 '했을까might'로 바꿔보세요. 이 작은 행동 하나만으로도 엄청난 변화를 가져올 수 있습니다. 왜냐하면 '했을까'는 판단을 유보하는 언어로써 사람들이 자유롭게 더 열린 가능성을 고민하도록 만들기 때문입니다."

이런 관점에 관해 디자인 혁신 기업 아이디오의 CEO 팀 브라운은 이렇게 이야기합니다.

"'했을까'라는 표현은 가능하든 불가능하든 다양한 아이디어를 떠올리도록 도와주는 말입니다. 사실, 아이디어의 실현 가능성은 현재 단계에서는 전혀 중요하지 않아요."

아이디오는 "How Might We"를 아래 그림과 같이 풀어서 공유합니다. 그 과정에서 문제는 분석되고 해결 방법이 드러납니다.

디자인 씽킹을 강연할 때, 가장 가르치기 어려운 것 중 하나는 HMW를 찾는 방법입니다. 디자인 씽킹에 익숙하지 않으면 'Might'의 의미를 제대로 이해하는 데 시간이 걸리고 타인의 아이디어를 여유 있게 이끌어내는 질문을 던지는 것을 어려워합니다. 충분히 많은 HMW를 찾아내는 것도 난감해 합니다. 그럴 땐 아주 구체적인 예시를 들어서 HMW를 체험할 수 있도록 돕곤 합니다.

IDEO의 "How Might We" 로 문제를 분석하고 해결하는 방법

How	Might	We...?
기술적으로 해결 기반으로	긍정적으로 생산적으로 규범에 얽매이지 말고	공동으로 포괄적으로

여기 스탠퍼드 D.스쿨의 HMW 사고 연습이 있습니다. 실제로 많은 학생들이 이 과제를 통해 HMW 사고 연습을 공부하고 있습니다.

주제는 '공항 이용 고객의 경험 개선'입니다. 이 주제에 어떤 POV Point of View를 가질 수 있을까요? 참고로 POV는 우리말로 '관점'이나 '시각'으로 번역할 수 있지만, 완벽히 일치하는 단어는 아니기에 앞으로도 'POV'라는 말을 쓸게요.

공항 이용 고객의 경험 개선

상황: 공항 게이트에 한 어머니가 자녀 세 명과 함께 여객기 탑승을 기다리고 있습니다. 그녀는 아이들을 조용히 하도록 해야 합니다. 아이들이 크게 말하거나 뛰어다니면 다른 탑승객들을 불편하게 만들 수 있기 때문입니다.

HMW(어떻게 해야) 사고의 예시

- 어떻게 해야 아이의 에너지로 주변 승객을 즐겁게 할 수 있을까?
  (장점 최대화)
- 어떻게 해야 주변 승객으로부터 아이를 분리할 수 있을까? (단점 최소화)
- 어떻게 해야 '기다림'을 여행의 재미로 바꿀 수 있을까? (반대로 생각하기)
- 어떻게 해야 대기 시간을 최소화할 수 있을까? (핵심 가정 의심하기)
- 어떻게 해야 대기 시간에 상쾌함을 줄 수 있을까? (형용사 따라가기)
- 어떻게 해야 승객의 자유 시간을 활용할 수 있을까? (예상 못한 리소스 찾기)

- 어떻게 해야 공항을 스파나 놀이터처럼 만들 수 있을까?
  (필요/맥락에서 유추)

- 어떻게 해야 공항을 아이가 좋아하는 장소로 만들 수 있을까? (도전하기)

- 어떻게 해야 아이를 덜 성가시게 할 수 있을까? (현상을 비틀어보기)

- 어떻게 해야 아이들을 즐겁게 할까? 어떻게 해야 부모를 덜 서두르게 할
  까? 어떻게 해야 대기 지연을 줄일 수 있을까? (문제를 여러 개로 쪼개보기)

질문을 효과적으로 만드는 것은 누구에게나 쉽지 않은 일입니다. 그래서 한 가지 방법을 제안하고자 합니다. 기존 방식에 변화를 주어, 질문을 생각할 때 그 앞에 'HMW(How Might We)'를 붙여보세요. 여러분이 참고하실 수 있도록, 위에서 다양한 POV를 활용해 새로운 방법을 찾아보았습니다.

HMW로 찾은 공항 이용 고객의 경험 개선 방법

아이의 에너지로 주변 승객을 즐겁게 하기:
- 아이들과 함께하는 간단한 체조 시간 운영
- 캐릭터 마스크 만들기

주변 승객으로부터 아이를 분리하기:
- 가족 전용 대기 공간 마련
- 소음 차단 벽으로 구분된 어린이 놀이 구역 설치

'기다림'을 여행의 재미로 바꾸기:

- 대기 시간 동안 목적지 관련 가상현실(VR) 체험 제공
- 공항 내 '세계 여행' 테마의 인터랙티브 콘텐츠interactive contents 운영

대기 시간 최소화하기:

- 모바일 앱을 통한 실시간 탑승 정보 및 대기열 관리
- 셀프 체크인 및 수하물 처리 시스템 확대

대기 시간에 상쾌함 주기:

- 공항 내 마사지 서비스 제공
- 자연 음악과 향기로운 식물이 있는 휴식 공간 마련

승객의 자유 시간 활용하기:

- 공항 내 도서관이나 영화관 설치
- 면세점에 더 다양한 면세품을 배치하기

공항을 스파나 놀이터처럼 만들기:

- 실내 놀이터 조성 혹은 간단한 미술 강좌 개설
- 어른의 휴식 공간과 어린이 놀이 공간을 결합한 복합 시설 설계

공항을 아이가 좋아하는 장소로 만들기:

- 아이들에게 인기 있는 캐릭터의 포토존 설치
- 간단하지만 흥미로운 미로, 유아 전용 이동 수단 도입

아이를 덜 성가시게 하기:

- 조용한 활동을 위한 키즈 퍼즐 키트 제공
- 아이들을 위한 수면 포드나 조용한 휴식 공간 마련

아이들을 즐겁게 하고, 부모의 부담을 줄이며, 대기 지연 방지하기:
- 연령별 맞춤형 엔터테인먼트 프로그램 운영
- 부모를 위한 간단한 휴식 서비스 제공
- 자녀가 있는 가족의 최우선 탑승 프로세스 도입

6. 경계를 뛰어넘는 연결적 사고를 해보세요

혁신가들은 세상에 존재하지 않는 아이디어를 뚝딱 만들어내는 천재였을까요? 그렇지 않습니다. 저 유명한 스티브 잡스의 아이폰 출시 발표 프리젠테이션부터 살펴봅시다.

스티브 잡스가 역사적으로 가장 훌륭한 프리젠터로 손꼽히는 이유는 애플의 신제품 출시 설명회에서 보여줬던 퍼포먼스 덕분입니다. 그 가운데 2007년 이뤄진 아이폰 출시 설명회는 단연 발군이죠.

스티브 잡스는 세 가지 혁신적인 제품을 갖고 나왔다고 말했습니다. 첫째는 거대한 터치스크린을 지닌 아이팟I Pod, 둘째는 휴대폰Phone, 셋째는 인터넷 통신기기internet communications device라고 소개합니다. 맙소사, 혁신적인 제품을 세 가지나 들고 나오다니, 사람들의 기대가 커질 만했습니다.

잡스는 세 가지 제품을 상징하는 아이콘을 화면에 띄우면서

아이폰은 사실 이미 세 가지의 다른 제품으로 각각 존재했다. 스티브 잡스는 이 세 가지 기존 제품을 빼어난 솜씨로 하나의 제품으로 연결했다. 혁신은 종종 이렇게 기존의 것을 하나로 모으는 데서 시작되곤 한다.

하나하나 언급하기 시작했습니다. 그때마다 관객들은 환호했죠. 특히 모바일 폰을 출시한다는 말에 가장 큰 함성과 박수가 이어졌습니다.

그런데 세 가지를 다 소개하고 나서, 아이콘 세 개가 하나로 합쳐지더니 빙글빙글 돌기 시작했습니다. 잡스는 "아이팟, 휴대폰, 인터넷 통신기기"를 또 다시 언급했습니다. 한 바퀴가 돌아가고, 두 바퀴째 접어들면서 관객들은 그제서야 뭔가를 알아챈 듯이 웃음을 터뜨리기 시작했고, 더욱 큰 박수와 환호로 응수했습니다. 그렇습니다. 잡스는 세 가지 제품이 아니라 단 하나의 제품을 들고 나온 것이죠. 그것이 바로 세상의 빛을 처음 마주한 아이폰이었습니다.

그럼 스티브 잡스는 어떻게 경계를 뛰어넘었을까요? 그는 경계를 뛰어넘기 전에 먼저 경계를 명확히 했습니다. 다시 말해 뮤직 플레이어, 휴대폰, 인터넷 기기라는 세 가지 분야의 경계를 명확히 인식한 것이죠. 2000년대 초반의 전자제품 시장에서는 각 기능을 별도의 기기로 제공하는 것이 당연하게 여겨졌습니다. 그러나 그는 경계를 명확히 그은 후, 그 경계 때문에 사용자의 편의성과 경험이 제한된다고 판단했습니다.

이에 잡스는 각 분야의 핵심 기능과 사용자 요구를 깊이 있게 분석했습니다. 음악 플레이어는 휴대성을 필요로 했고, 휴대폰은 통신 외에도 더 많은 기능을 원했으며, 인터넷 기기는 이동 중에도 접근성을 요구했습니다. 그는 이 세 가지 요구 사항을 하나로 연결할 수 있는 가능성을 모색했습니다. 결국 아이폰을 통해 세 가지 기능을 하나의 기기에 통합함으로써 기존의 경계를 뛰어넘었습니다. 물론 스티브 잡스가 한 일은 단순한 기능의 집합이 아닌, 사용자 경험의 혁신이었습니다.

아이폰은 터치스크린 인터페이스로 직관적인 사용성을 제공했고, 앱 스토어를 통해 확장성을 확보했습니다. 이는 기존의 어떤 기기도 제공하지 못했던 새로운 가치를 창출한 것이죠.

아이폰의 사례를 통해 보면, 잡스는 기술 자체보다 그것이 사용자에게 어떤 가치를 제공하는지에 초점을 맞춘 사용자 경험 중심의 디자인을 추구했습니다. 또한 하드웨어와 소프트웨어, 콘텐츠를 유기적으로 연결하여 새로운 시장을 창출하는 생태계 구축을 이루어냈습니다. 그리고 터치스크린, 모바일 인터넷 등 기존에 존재하던 기술들을 새로운 방식으로 통합함으로써 기존 기술의 재해석을 실현했습니다.

결론적으로, 스티브 잡스의 아이폰은 경계를 뛰어넘는 연결적 사고의 대표적인 성공 사례입니다. 이는 혁신이 완전히 새로운 것을 창조하는 것이 아니라, 기존의 요소들을 새로운 방식으로 결합하고 재해석하는 과정에서 이루어질 수 있음을 보여줍니다.

우리의 사고도 스티브 잡스와 같은 방식을 통해 발전시킬 수 있습니다. 현재의 한계와 구분을 명확히 이해하며, 다양한 분야의 지식과 아이디어를 융합하고, 이를 통해 새로운 해결책과 가치를 창출할 수 있는 것입니다.

스티브 잡스의 연결적 사고는 발전된 창의력이 어떤 것인지 실감케 했죠. 우리가 필요로 하는 것이 바로 기존의 한계를 넘어 새로운 시각을 가지고, 사물과 아이디어를 색다르게 바라보는 능력입니다. 그리고 이런 능력을 키우는 데 효과적인 방법

중 하나가 바로 비유법을 활용하는 것이죠.

7. 비유법의 달인이 되어보세요

창의적 소통의 핵심에는 수사학이 자리 잡고 있습니다. 그중에서도 직유, 은유, 의인은 가장 간단하면서도 강력한 표현 기법으로 손꼽힙니다. 많은 이들이 이러한 수사법을 문학 작품에서만 사용되는 것으로 오해하지만, 실제로는 일상 업무에서도 큰 효과를 발휘할 수 있습니다.

예를 들어, 드라마 〈도깨비〉에서는 사랑의 감정을 물리학에 비유한 시구를 활용해 깊은 인상을 남겼습니다. "순간, 나는 뉴턴의 사과처럼 사정없이 그녀에게 굴러떨어졌다. 심장이 하늘에서 땅까지 아찔한 진자운동을 계속하였다." 이 표현은 김인육 시인의 〈사랑의 물리학〉에서 차용한 것으로, 물리학적 지식이 없더라도 사랑의 감정을 생생하게 전달합니다.

비유법은 원관념과 보조관념을 활용하여 생각과 감정을 함축적으로 전달하는 기술입니다. '그녀는 장미처럼 예쁘다'라는 문장에서 '그녀'가 원관념, '장미'가 보조관념이 됩니다. 비유법은 크게 직유법, 은유법, 의인법으로 나뉩니다.

직유법은 이 중 가장 간단하고 명확한 형식으로, '~같이', '~듯이', '처럼' 등의 표현을 사용해 두 대상을 직접적으로 비교합니다. '구름 같은 솜사탕'이 대표적인 예시입니다. 이 기법은 대중에게 익숙한 대상을 활용해 새로운 개념이나 제품을 효과적으로 설명할 수 있어, 광고 업계에서 특히 선호됩니다.

직유법의 장점은 명확성과 설명력에 있습니다. 은유법과 달리 비유 의도가 명확히 드러나므로, 청중이 쉽게 이해할 수 있습니다. '내 누님같이 생긴 꽃이여', '꽃처럼 예쁜 우리 아기', '차가움이 마치 얼음 같다' 등이 직유법의 전형적인 예시입니다.

이러한 수사법은 단순히 문학적 장치에 그치지 않고, 현대 언어의 중요한 요소로 자리 잡았습니다. 보고서 작성이나 브레인스토밍 세션에 이를 활용하면, 복잡한 개념을 쉽게 설명하거나 새로운 아이디어를 효과적으로 제시할 수 있습니다.

결론적으로, 직유법을 포함한 비유적 표현은 창의적 커뮤니케이션의 핵심 도구입니다. 이를 적절히 활용하면, 일상적인 업무 환경에서도 보다 생동감 있고 설득력 있는 소통이 가능해질 것입니다.

직유법을 활용한 광고 문구들

"커피계의 애플, 블루보틀." – 블루보틀
"안경은 얼굴입니다." – 룩옵티컬
"바다 같은 은행." - 수협
"산소 같은 여자." - 마몽드
"생명을 하늘처럼." – 풀무원
"바위 같은 단단함Like a Rock" – 쉐보레 트럭
"강철처럼 강하다Strong as Steel" – 볼보

직유법을 창의적으로 활용한 기업 브랜딩의 대표적 사례로 웨스틴 호텔의 '헤븐리 베드Heavenly Bed'를 들 수 있습니다. 웨스틴은 '천상의 수면'이라는 직유를 통해 단순한 침대가 아닌 특별한 경험을 제공한다는 이미지를 구축했습니다. '헤븐리'라는 표현은 고객들에게 '구름 위에 누운 듯한' 편안함을 연상시키며, 이는 실제 제품 설계에도 반영되었죠.

웨스틴은 이 개념을 더욱 확장하여 '헤븐리 스위트 드림Heavenly Sweet Dream' 패키지를 선보였습니다. 이를 통해 헤븐리 베드뿐만 아니라 편안한 숙면을 돕는 다양한 서비스를 결합하여 제공함으로써, '천국 같은' 경험을 호텔 투숙 전반으로 확대했습니다.

이러한 접근은 단순히 제품의 기능을 설명하는 것을 넘어, 감

성적이고 직관적인 이미지를 통해 고객의 마음을 사로잡는 방식을 보여줍니다. '천국'이라는 보편적이고 긍정적인 개념을 활용함으로써, 웨스틴은 편안함과 고급스러움을 동시에 연상시키는 데 성공했습니다.

웨스틴의 헤븐리 베드 사례는 직유법이 단순한 언어적 표현을 넘어 제품 개발, 마케팅, 브랜드 정체성 구축에 이르기까지 기업 전략 전반에 깊이 영향을 미칠 수 있음을 보여줍니다. 이는 창의적인 언어 사용이 실질적인 비즈니스 혁신으로 이어질 수 있다는 점을 잘 보여주는 사례라고 할 수 있습니다.

이번에는 '은유법'에 관해 알아볼게요. 은유법은 두 대상을 간접적으로 연결하는 표현 방법입니다. '스마트폰은 현대인의 동반자다'처럼 표면적 유사성이 아닌 내면적 동일성에 초점을 둡니다. 은유는 우리의 아이디어를 아름답게 만듭니다. 아리스토텔레스는 은유를 '천재의 표상'이라고 말하기까지 했죠.

은유법을 잘 이해하려면, '은유 도식'을 이해할 필요가 있습니다. '은유 도식'은 "원관념 → 원관념의 본질 → 보조관념 → 창의"로 풀어서 설명할 수 있습니다.

'시간은 돈이다'라는 은유적 표현을 분석해볼까요? 이 은유에서는 시간이 원관념입니다. 그리고 '소중하다'가 원관념의 본질이지요. 그 본질을 형상화한 것이 '돈'이라는 보조관념입니다.

여기에서 시간을 마치 돈처럼 '아끼다', '낭비하다', '저축하다', '빌리다', '투자하다' 등 수많은 새로운 생각과 표현들이 나온 것입니다.

은유 도식을 이해하는 또 하나의 방법은 이 도식을 따라 스스로 은유적 표현을 만들어보는 것입니다. 예를 들어 어떤 사람이 시간의 본질이 '소중하다'가 아니고 '빠르게 지나간다'라고 생각한다면, 그것이 그 사람이 생각한 원관념의 본질입니다. 그리고 그 사람이 '빠르게 지나간다'는 원관념의 본질을 '화살' 또는 '쏜살'로 형상화한다면 그것이 곧 보조관념이지요.

그럼으로써 그 사람은 '시간은 쏜살같다'라는 은유적 표현을 얻은 것이고, 그것에서 '정신 바싹 차려라', '허송세월하지 마라'와 같은 창의를 자연스레 이끌어낼 수 있을 것입니다. 알고 보면 '세월이 쏜살같다'라는 옛사람의 말이 이 같은 은유적 사고의 산물이지요.

지구 온난화의 심각성을 아이스크림에 비유한 광고를 살펴보면, 그 창의적인 표현에 감탄하지 않을 수 없습니다. 이 광고는 복잡한 환경 문제를 누구나 쉽게 이해할 수 있는 일상적인 경험으로 치환했습니다.

여러분은 뜨거운 여름날, 손에 든 아이스크림이 녹아내리는 모습을 본 적이 있을 겁니다. 이 광고는 그 경험을 교묘하게 활

**세계자연기금의
환경 보호 캠페인 포스터**

용하여 지구의 모습을 아이스크림으로 표현했습니다. 파란 대륙과 하얀 빙하가 마치 맛있는 아이스크림처럼 보이다가, 점점 녹아 흘러내리는 모습은 보는 이의 마음을 불편하게 만듭니다.

세계자연기금World Wide Fund for Nature의 비유는 매우 직관적입니다. 아이스크림이 녹는 것처럼 지구도 '녹고 있다'는 메시지를 강렬하게 전달하지요. 우리가 좋아하는 아이스크림이 녹아 없어지는 것을 원하지 않듯이, 우리의 소중한 지구도 사라지지 않기를 바라는 마음을 불러일으킵니다.

이처럼 은유법은 복잡한 개념을 간단하고 강력한 이미지로 전환하는 데 탁월합니다. 환경 문제와 같은 거대하고 추상적인 주제도 적절하게 은유를 하면 누구나 공감할 수 있는 메시지로 바꿀 수 있습니다.

마지막으로, '의인법'은 사람이 아닌 것을 사람이 행동하는 것처럼 나타내는 방법으로, '나비는 춤을 춘다', '미소 짓는 해님'을 예로 들 수 있습니다. 주변에 의인법을 잘하는 사람이 있나요? 아마 유치원쯤 다니는 어린아이일 겁니다. 아이들은 주변의 사물을 모두 살아있는 것처럼 받아들여 무생물을 생물처럼 표현하기 때문이죠. 가령 "촛불이 눈물을 흘려요", "파도가 소리를 쳐요", "TV도 잠을 자야 해요" 같은 말은 어린 자녀나 조카들에게서 들을 수 있습니다. 물론 성인들도 노력하면 의인법을 잘 활용할 수 있습니다. 적절한 광고 사례를 보여드리겠습니다.

첫 번째 광고에서는 북극곰이 인간처럼 눈을 가리는 모습을

세계자연기금의 환경 보호 캠페인 포스터
세계자연기금은 생존의 위협을 받고 있는 동물의 감정을 '인간적으로' 표현했다.

보여줍니다. 이는 우리가 충격적이거나 부끄러운 상황에서 보이는 반응을 그대로 재현한 것입니다. 북극곰의 이런 제스처는 지구 온난화가 그들에게 얼마나 끔찍한 경험인지를 강렬하게 전달합니다. 우리 인간은 이 문제의 심각성을 잘 체감하지 못하지만, 환경 파괴의 직접적인 피해자인 북극곰에게는 마치 살인 현장을 목격한 것과 같은 충격일 것입니다. 이렇게 동물의 감정을 인간의 것처럼 표현하는 의인법은 메시지를 더욱 효과적으로 전달합니다.

두 번째 광고는 서식지를 잃은 동물들을 노숙자에 비유하고 있습니다. 지구 온난화로 인해 삶의 터전과 먹이를 잃은 동물들의 처지를 인간 사회의 노숙자 문제와 연결 지어 표현한 것입니다. 황량한 도시의 벤치에 누워 있는 동물의 모습은 우리에게 깊은 죄책감과 반성의 마음을 불러일으킵니다. 이 광고는 환경 파괴가 동물들에게 미치는 영향을 매우 직관적이고 감성적으로 전달하고 있습니다.

두 광고 모두 환경 문제를 동물의 관점에서 바라보게 함으로써, 우리 인간이 미처 깨닫지 못했던 문제의 심각성을 효과적으로 일깨우고 있습니다. 이는 단순한 정보 전달을 넘어, 감정적 공감을 통해 행동 변화를 유도하는 강력한 메시지를 전달합니다.

8. 오감을 통해 사고하세요

"그래서 모형mok-up은 어디 있죠?"

아마존의 창업자 제프 베이조스는 혁신적인 아이디어를 구현하는 독특한 회의 방식으로 유명합니다. 그가 직원들에게 가장 먼저 던지는 질문은 바로 "모형을 보여주세요"입니다. 이는 단순한 아이디어나 계획을 넘어서, 새로운 아이디어가 실제 아마존 웹사이트에서 어떻게 구현될지를 시각적으로 보여주는 구체적인 모델을 요구하는 것입니다.

이러한 베이조스의 접근법은 아마존의 새로운 프로젝트들이 다른 기업에 비해 월등히 높은 성공률을 보이는 핵심 요인 중 하나로 평가받고 있습니다.

아마존의 회의실에서는 화면 디자인, 버튼 배치, 텍스트 구성, 사용자의 클릭 순서 등 고객이 아마존에 접속해서 최종 구매에 이르기까지의 전 과정을 상세히 보여주는 모델이 없으면 논의 자체가 중단됩니다. 베이조스는 불완전한 모형을 '불완전한 사고'의 증거로 여기며, 이는 성공 가능성이 낮은 부실한 아이디어라고 판단합니다.

그의 전략은 '될 만한 아이디어'와 '실패할 아이디어'를 구분하는 데 시간을 낭비하지 않고, 오직 성공 가능성이 높은 아이디어만을 깊이 있게 탐구하는 데 있습니다. 이를 위해 '모형 제작'이 최우선 과제가 되며, 이는 시각적 사고의 중요성을 강조합니다.

시각적 사고visual cognition란 문제 해결이나 개념 이해를 위해 머릿속에서 이미지나 상황을 시각적으로 구상하는 능력을 의미합니다.

영국의 디자이너이자 저널리스트인 데이비드 맥캔들리스David McCandless는 이러한 시각적 사고의 중요성을 역사적 사례를 통해 설명합니다. 아인슈타인은 '사고실험'이라는 시각적 사고를 통해 상대성 이론을 발견했고, 레오나르도 다빈치는 이미지 기반의 관찰과 분석으로 통합적 관점을 확립했습니다.

스티브 잡스가 애플에서 구현한 직관적 인터페이스 역시 그의 독특한 시각적 상상력에서 비롯된 것으로 잘 알려져 있습니다. 이러한 시각적 사고의 효과는 일상생활에서도 쉽게 찾아볼 수 있습니다. 예를 들어, 태극기의 깊은 철학적 의미를 글로 설명하려면 복잡하고 어려울 수 있지만, 그림으로 표현하면 그 의미가 한눈에 들어오고 철학적 함의까지 쉽게 이해할 수 있습니다.

시각적 사고를 더욱 확장하면 청각, 후각, 촉각 등 오감을 활용한 '체험적 사고'에 이르게 됩니다. 혁신적인 아이디어를 도출하려면 지식의 폭뿐만 아니라 경험과 감각의 폭도 넓혀야 합니다. 영감을 주는 아이디어는 복합적인 감각을 자극할 때 탄생하는 경우가 많습니다.

한 예를 살펴보겠습니다. 텔레비전을 보면 굶주리는 아이들, 북극곰, 이재민 등을 도와달라는 후원 광고가 자주 나옵니다. 처음에는 안타까운 광경에서 눈을 떼지 못하지만, 매번 비슷한 톤과 장면으로 반복되니 어느새 연민이 무뎌집니다. 상황이 이러니 유니세프는 고민에 빠집니다. 매년 광고를 하는데도 후원금의 규모는 점차 줄어들었기 때문입니다. 광고 효과는 떨어지는데, 어떻게 해야 기부자의 마음을 움직일까 깊은 고민에 빠졌습니다.

며칠 뒤, 뉴욕 시내 한가운데에 독특한 자판기가 놓입니다. 행사 요원이 지나가는 사람에게 1달러를 주며 음료를 골라서 마시라고 권유합니다. 그렇게 돈을 넣고 나온 물병에는 '말라리아와 각종 세균이 가득한, 아프리카에서 직접 떠온 더러운 물'이 담겨 있었습니다.

이 더러운 물을 직접 보고, 멋모르고 마실 뻔한 후에야 아프리카 사람들이 겪는 고통이 진심으로 전해지기 시작합니다. 뉴욕의 시민들은 그제서야 아프리카의 현실과 고통을 확실히 깨달았고, 이는 행동으로 이어졌습니다.

유니세프의 자판기 이벤트는 이전의 TV 광고보다 더욱 큰 효과를 가져왔습니다. 몇 주 사이에 1만 명 이상이 자판기에 기부금을 넣었고 후원금도 전년도 대비 17% 늘어서 31억 달러에 달했습니다. 유니세프는 이 후원금으로 아프리카 지역에 우물을 파고 정수 시설을 설치했습니다. 지금 여러분의 아이디어는 유니세프이 자판기처럼 사람들에게 강렬한 영감을 주고 있나요?

크리에이티브 씽킹은 결코 순탄하지 않습니다. 기존에 아무도 해보지 않았던 일을 시도하는 것이기 때문에, 쉽게 따라 할 수 있는 매뉴얼도 없고 앞서 걸어가본 사람들의 조언을 구할 수도 없습니다. 그렇기 때문에 낯설고 항상 실패의 위험이 도사리고 있습니다.

하지만 그러한 리스크를 과감히 짊어지고 본인의 상상력을 구현해내는 사람만이 창의적인 결과물을 만들어낼 수 있다는 사실을 잊지 마세요.

반면에 위험을 회피하려고만 하거나 주변의 반대에 굴복하면 혁신은 공상에 그치고 맙니다. 상상을 현실로 만들어내는 것과 단순히 아이디어로 그치는 것 사이의 차이는 생각보다 미묘할 수 있습니다.

하지만 이 작은 차이로 여러분은 창의적 사고자로 성장할 수도 있고, 혹은 그저 관행에 따라 일하는 평범한 직장인으로 남을 수도 있습니다.

　상상을 실천으로 옮기는 용기와 노력이 바로 창의적 인재와 평범한 사람을 구분 짓는 핵심 요소입니다. 아이디어를 행동으로 옮기는 그 순간, 여러분은 이미 크리에이티브 씽커로서의 첫 걸음을 내딛은 것입니다.

07

S

창의성의 도구들:
기획에 탁월한
실전 스킬셋

여러분이 애착을 가질 만한 물건이 있다면,
그 사랑을 한순간에 버릴 수 있어야 합니다.
그래야 몇 달을 고생해 만든 시제품도
미련 없이 부술 수 있습니다.
이런 냉정함과 용기가 없다면
진정한 디자인 씽킹을 할 수 없습니다

크리에이티브 씽킹을 위한 마인드셋이 준비되었다면, 이제는 이를 실행에 옮기기 위한 스킬셋이 필요합니다. 창의적인 아이디어는 저절로 떠오르는 것이 아니라, 특정한 기술을 통해 더욱 발전하고 구체화됩니다. 크리에이티브 씽커들은 이 과정에서 6가지 스킬셋을 활용합니다.

그 스킬셋이란 세밀하게 관찰하기, 엉뚱한 질문 던져보기, 메모하기, 모방하기, 질보다 양을 우선해 아이디어 모으기, 아이디어 실현해보기입니다. 언뜻 많아 보일지 모르지만, 이 스킬들은 이미 우리가 일상적으로 하고 있는 여러 행동을 조금 더 의식적으로 활용하고 체계적으로 접근하는 것일 뿐입니다. 결국, 이 6가지 스킬셋은 크리에이티브 씽킹을 현실로 만드는 촉매제인 셈이죠.

그럼, 이제 이 스킬 하나하나를 자세히 살펴보도록 하겠습니다.

1. 세밀히 관찰해 봅시다

크리에이티브 씽킹을 위한 마인드셋이 마음가짐, 지적 정신 훈련 등 두뇌와 마음속에서 일어나는 것들이라면, 스킬셋은 눈과 입, 손 등 신체를 활용하여 뭔가 해볼 수 있는 것들을 모은 개념입니다. 크리에이티브 씽커들은 창의적 사고를 하기 위해서 현상을 어떻게 바라보고, 어떠한 질문을 하고 무엇을 기록하고 또 무엇을 만들어내는지 하나씩 살펴보겠습니다.

티나 실리그Tina Seelig의 《인지니어스》에는 두 물고기가 물속을 헤엄치면서 물이 무엇인지 인식하지 못하는 '데이비드 포스터 월리스의 우화'가 실려 있는데, 이는 우리의 관찰력과 인식에 대해 중요한 교훈을 줍니다. 이 짧은 이야기는 우리가 일상에 너무 익숙해져 중요한 것들을 얼마나 쉽게 간과하는지 보여줍니다. 그리고 동시에 이는 창의성과 혁신의 관점에서도 중요한 의미를 가집니다. 매일 접하는 환경과 상황을 새로운 시각으로 바라볼 때 혁신적인 아이디어가 탄생할 수 있기 때문입니다. 이 우화는 우리에게 주변을 더 주의 깊게 관찰하고, 당연하게 여겼던 것들에 대해 다시 한 번 생각해볼 것을 권유합니다.

주변을 면밀히 살펴보는 것은 문제 인식과 해결책 도출의 핵심입니다. 실리그는 관찰의 깊이와 범위를 확장하고, 더 많은 정보를 수집하며, 다양한 패턴을 파악하는 능력의 중요성을 강조합니다. 하지만 이는 생각보다 쉽지 않은 과제입니다.

앞서 언급한 물고기 우화처럼, 우리는 종종 일상에 너무 익숙해져 주변을 새로운 시각으로 바라보는 것을 잊곤 합니다. 마치 공기의 존재를 당연히 여기며 더 이상 그 신비로움을 느끼지 못하는 것과 같습니다. 따라서 관점을 새롭게 하고, 일상적인 것들을 마치 처음 보는 것처럼 관찰하는 능력을 키우는 것이 중요합니다. 이러한 노력을 통해 혁신적인 아이디어와 창의적인 해결책을 발견할 수 있을 것입니다.

《인지니어스》에서는 어린 시절에는 세상이 어떻게 돌아가는지 알아내기 위해 자연스레 호기심 어린 눈으로 똥그래져라 주변을 관찰하지만, 나이를 먹으면서 상당수가 호기심을 갖고 관찰하는 행동에 무뎌진다고 지적합니다.

실리그는 이어서 뇌의 패턴 인식 능력에 대해 설명합니다. 우리의 뇌는 효율성을 위해 익숙한 패턴을 찾고, 경험의 빈 곳을 예측으로 채우려 합니다. 이는 일상생활에서는 유용할 수 있지만, 창의적 사고나 혁신적 아이디어 발견에는 장애물이 될 수 있습니다. 특히 익숙한 환경이나 상황에서는 이러한 경향이 더욱 강해집니다. 그렇기 때문에 그 너머의 것들을 보기 위해서는 의식적인 노력이 필요합니다.

이러한 통찰은 창의성과 혁신을 추구하는 사람들에게 중요한 메시지를 전달합니다. 의식적으로 우리의 관찰 습관을 개선하고, 익숙한 것들을 새로운 시각으로 바라보려는 노력을 해야 합니다. 이는 일상적인 것들 속에서 새로운 기회와 아이디어를 발견할 수 있는 능력을 키우는 데 도움이 될 것입니다. 결국 창의적 사고와 혁신은 얼마나 세상을 새롭게 바라볼 수 있는가에 달려 있습니다. 어린아이와 같은 호기심과 관찰력을 되찾는 것, 그리고 익숙한 패턴을 넘어서 보려는 의식적인 노력이 필요합니다. 이를 통해 여러분은 더 풍부한 아이디어와 혁신적인 해결책을 발견할 수 있을 것입니다.

인간은 자신이 경험한다고 생각하지만, 그것은 실제로 문자 그대로의 경험이 아닙니다. 경험은 착각입니다. 인식이란 종종 실제로 경험한 것이 아닌, 예상하고 추측한 것에 기반합니다. 이러한 특성은 정확한 관찰을 방해할 수 있습니다. 따라서 진정으로 객관적인 관찰을 위해서는 선입견과 예측을 최소화하려는 의식적인 노력이 필요합니다.

특정한 것만을 찾으려는 편향된 관심은 여러분의 시야를 좁힐 수 있습니다. 이로 인해 기대에 부합하지 않는 중요한 정보나 기회를 놓칠 수 있습니다. 이는 마치 숲을 보지 못하고 나무만 보는 것과 같습니다. 이러한 인간의 인지적 특성을 잘 활용하는 예로 마술사들을 들 수 있습니다. 그들은 관객의 주의를 특정 부분에 집중시키는 동안, 다른 곳에서 트릭을 수행합니다. 이는 주의력 분산과 선택적 주의 집중을 교묘히 이용하는 것입니다.

결국, 더 정확하고 포괄적인 관찰을 위해서는 자신의 인지적 편향을 인식하고, 의식적으로 더 넓은 시야를 가지려 노력해야 합니다. 이는 일상생활뿐만 아니라 창의적 문제 해결이나 혁신적 아이디어 발견에 있어서도 중요한 역할을 합니다. 우리가 예상하지 못한 것들을 발견할 수 있는 열린 마음과 주의 깊은 관찰 능력을 키우는 것이 중요합니다.

지금보다 더 넓은 시야를 갖고 싶나요? 그렇다면 과학자와 예술가가 세상을 보는 방식에서 중요한 실마리를 찾을 수 있습니다. 이들은 늘 세상을 주목하며 보통 사람이라면 그냥 지나칠 '무언가'를 절묘하게 잡아냅니다. 그리고 그 관찰 결과를 다른 이들과 공유하는 데 뛰어난 능력을 가지고 있습니다. 찰스 다윈의 예를 들어 관찰의 중요성을 살펴볼까요? 다윈은 9년간의 비글호Beagle 여행을 통해 자신의 관찰 능력을 연마했습니다. 그가 갈라파고스 제도Islas Galápagos에서 가져온 표본들, 특히 되새류의 부리와 거북껍질 형태의 작은 차이점들은 그의 혁명적인 진화론의 기반이 되었습니다.

이 사례는 세심한 관찰이 얼마나 중요한지를 잘 보여줍니다. 다원의 관찰은 단순히 보는 것을 넘어, 의미 있는 패턴과 차이점을 발견하는 능력이었습니다. 이는 우리에게 일상적인 것들도 주의 깊게 관찰하면 새로운 통찰을 얻을 수 있다는 교훈을 줍니다.

과학적 발견뿐만 아니라 예술적 창조에서도 이러한 관찰력은 중요합니다. 화가들은 빛과 색채의 미묘한 차이를 포착하고, 작가들은 인간 행동의 작은 뉘앙스를 관찰하여 작품에 반영합니다. 결국, 창의성과 혁신은 얼마나 세상을 주의 깊게 관찰하고, 그 관찰을 의미 있게 해석할 수 있는가에 달려 있습니다. 과학자나 예술가처럼 세상을 바라본다면, 일상에서도 새로운 아이디어와 통찰을 발견할 수 있을 것입니다.

2. 엉뚱한 질문을 던져보세요

디자인 씽킹의 대가 중 한 명인 돈 노먼Don Norman은 한 단계 더 깊이 생각하고 질문하는 것의 중요성을 강조합니다. 그는 한걸음 더 나아가는 용기와 함께, 모든 사람이 당연하다고 여기는 가정과 상식에 도전하고 의문을 제기하라고 독려합니다.

노먼의 주장에 따르면 '세상에 어리석은 질문'은 존재하지 않습니다. 오히려, 상식에 의문을 제기하고 당연시되는 가정에 도전하는 소위 '어리석은 질문'이 논리적이고 똑똑해 보이는 질문보다 훨씬 더 큰 가치를 지닌다고 합니다.

여러분은 말을 막 배우기 시작한 아이들과 한 시간 이상 대화를 나눠본 적이 있으신가요? 이 꼬마들이야말로 세상에서 가장 높은 수준의 호기심을 가지고 있으며, 그 누구보다도 명확하고 간결한 질문을 던지는 집단입니다.

"아빠, 하늘은 왜 파란색이에요?", "강아지는 왜 꼬리를 흔들어요?", "여자들은 왜 남자보다 머리가 긴 편이에요?"

이런 질문들이 하루에도 수없이 쏟아집니다. 때로는 엉뚱해 보여 웃음이 나기도 하지만, 진지하게 답변하려 들면 결코 쉽지 않은 질문들입니다.

돈 노먼은 이른바 '어리석은 질문'을 하는 것의 중요성에 대해 다음과 같이 말합니다.

"디자인 교육 현장에서 발견한 가장 큰 문제점은 인간의 행동, 심리, 사회 현상에 대한 이해를 점점 소홀히 한다는 것입니다. 대신 디자인 스쿨의 교육과정은 디자인의 시각적 요소와 기술을 연마하는 데 더 많은 시간을 할애합니다. 그 결과, 디자이너들은 문제에 직면했을 때 자신들이 지금까지 느끼고 경험하고 알고 있던 지식에만 의존하여 해결하려고 합니다."

돈 노먼의 인터뷰에서 알 수 있듯이, 혁신의 출발점은 '어리석은 질문'에 숨어 있습니다. 세상을 근본적으로 변화시키고 사람들의 삶을 바꾸는 혁신적 아이디어는 언제나 당연하게 여겨져 왔던 것들에 대한 의문에서 비롯되었습니다. 우리는 지나치게 익숙해진 현상이나 상식, 지식에 대해 질문을 던지는 것을 주저하곤 합니다. 하지만 창의적 사고의 핵심은 바로 이 지점, 즉 모두가 당연하게 여기는 것들에 대해 '어리석은 질문'을 던지는 데 있습니다.

'어리석은 질문'이라는 말이 자칫 폄하의 의미로 다가올 수 있지만, 사실 이는 창의성의 원동력이라 할 수 있습니다. 너무나 명백해 보이는 사실에 대해 질문을 던질 때 오히려 그 질문의 가치와 울림은 배가 됩니다.

왜냐하면 그런 현상이나 상식, 지식들은 오랫동안 누구도 의문을 제기하지 않은 채 방치되어 왔기 때문입니다. 마치 영원불변할 것 같은 지식조차도 한 번쯤은 '지식의 청문회'에 세워볼 필요가 있는 것입니다.

문제 해결의 본질은 바로 이러한 '어리석은 질문'에서 출발합니다. 이는 사람들로 하여금 멈춰 서서 생각하게 만드는 계기가 됩니다. 그리고 이러한 과정을 통해 우리는 문제의 본질에

다가갈 수 있게 됩니다. 결국 창의적 사고란 익숙함에 속박되지 않고, 당연한 것에 의문을 제기할 줄 아는 지적 용기에서 비롯되는 것입니다.

너무나 당연하게 여겨지는 것들에 의문을 제기함으로써, 우리는 기존에 가지고 있던 신념, 모두가 의존하고 신뢰하는 모범 답안과 접근 방식에 대해 다시 한 번 생각해볼 기회를 갖게 됩니다. 이는 실로 엄청난 순간이며, 말로 표현하기 어려울 만큼 큰 가치를 지닙니다.

어리석어 보이는 질문의 힘을 과소평가해서는 안 됩니다. 그것이 바로 창의성과 혁신의 출발점이기 때문입니다.

주변의 당연한 것들에 의문을 던지고 새로운 시각으로 바라보려 노력한다면, 누구나 창의적인 사고의 주인공이 될 수 있습니다.

아이들의 천진난만한 질문에서 영감을 얻어, 우리도 일상 속에서 '어리석은 질문'을 던져보는 것은 어떨까요? 그 질문이 세상을 바꾸는 혁신의 씨앗이 될지 누가 알겠습니까. 늘 열린 마음으로 호기심을 잃지 않는 것, 그것이 창의력의 비결일 것입니다.

3. 언제 어디서든 메모를 남기세요

창의성과 혁신의 근원을 탐구하는 여정 중에 종종 예상치 못한 곳에서 통찰을 얻곤 합니다. 《뇌혁명은 메모에서 시작된다》을 쓴 서영진 작가는 이러한 통찰의 핵심을 '뇌'와 '메모'의 연결고리에서 찾았습니다. 그에 따르면, 세상을 변화시키는 소수의 인물들은 사고방식의 변화를 통해 성공을 이루었고, 이 변화의 중심에는 바로 뇌가 있다고 합니다.

서영진 작가는 평범한 뇌를 변화시키는 게 어렵게 느껴질 수 있다고 인정하면서도, 뇌혁명이 반드시 일어날 수 있다고 확신합니다. 그리고 그 해결책은 우리의 손끝, 즉 '메모'에 있다고 강조하죠. 이는 큰 비용이나 긴 시간을 들이지 않고도 실현 가능한 방법입니다.

저자는 뇌과학의 객관적 자료와 다양한 사례를 통해 '메모'와 '뇌과학'의 연결고리를 명확히 보여줍니다. 그의 연구에 따르면 역사상 가장 뛰어난 천재들의 공통점은 바로 그들이 '지독한 메모광'이었다는 점입니다.

대표적인 메모광으로는 레오나르도 다빈치를 들 수 있습니다. 그는 해부학, 식물학, 지질학부터 낙하산, 장갑차, 잠수함의 설계도, 심지어 요리법과 금전출납부, 농담과 우화에 이르기까지 광범위한 주제에 대해 끊임없이 기록했죠. 그의 '다빈치 노트'는 약 1만 3,000쪽에 달하고, 그중 7,200쪽이 현존한다고 해요. 이 노트의 가치는 마이크로소프트 창업자 빌 게이츠가 72쪽 분량의 '코덱스 레스터(레오나르도 다 빈치의 유명한 과학적 저술을 모은 책)'를 3,080만 달러(한화 약 420억 원)에 구입한 사실에서도 잘 드러납니다.

조선의 대학자 다산 정약용 역시 '조선 최고의 메모광'으로 알려져 있습니다. 그는 순간순간 떠오르는 생각을 즉시 기록하고 보관하는 '수사차록법隨思箚錄法'이라는 독특한 메모 방식을 사용했죠. 다산은 제자들에게도 "동트기 전에 일어나 기록하기를 좋아하라"고 조언했다고 합니다. 그의 500여 권에 달하는 방대한 저작은 이런 꾸준한 메모 습관 덕분에 가능했을 거예요.

이처럼 메모는 단순한 기록 이상의 의미를 지닙니다. 그것은 우리의 뇌를 자극하고, 창의성을 키우며, 혁신적인 아이디어를 발전시키는 강력한 도구죠. 뇌혁명은 어쩌면 우리 손끝에서 시작되는 작은 습관, 바로 메모에서 시작될 수 있을 겁니다.

4. 끝내주는 것을 모방해 보세요

세계적인 혁신가들의 공통점은 완전히 새로운 것을 창조하기보다는 이미 존재하는 것을 모방하는 데 뛰어났다는 점입니다. 그들은 '모방도 혁신'이라는 마음가짐으로 기존의 훌륭한 아이디어를 따라 하고, 다양한 관점에서 변주하여 세상을 놀라게 하는 혁신적 아이디어를 탄생시켰습니다.

사실 많은 이들이 창의적이 되기 위해 고민하죠. 창의성은 쉽게 얻기 어려운 특별한 무언가로 여겨집니다. 하지만 그렇다고 해서 창의성이 반드시 선천적인 것만은 아니에요. 후천적으로도 창의성을 키우고자 하는 노력이 있고, 이를 위한 다양한 방법과 접근법들이 제시되고 있습니다.

그중 첫 번째로 주목할 만한 것이 바로 '모방'입니다. 20세기 최고의 화가 중 한 명인 파블로 피카소는 이런 말을 남겼어요. "좋은 예술가는 모방하고, 뛰어난 예술가는 훔친다." 이 말은 단순히 남의 것을 베끼라는 뜻이 아니라, 기존의 아이디어를 깊이 이해하고 자신만의 방식으로 재해석하라는 의미로 볼 수 있죠.

모방이 다른 것을 본뜨는 거라면, 여러 가지를 본떠 합치는 것을 '조합'이라고 할 수 있어요. 조합은 여러 사물이나 현상의 일부를 합쳐 새로운 것을 만들어내는 방식인데, 지금까지 알려진 창의적 결과물을 얻을 수 있는 가장 체계적이고 가시적인 방법 중 하나로 여겨집니다.

이런 창의성 개발 접근법들은 우리에게 중요한 메시지를 던집니다. 완전히 새로운 것을 만들어내야 한다는 부담감에서 벗어나, 기존의 아이디어를 새로운 시각으로 바라보고 재구성하는 것만으로도 혁신적인 결과를 얻을 수 있다는 거죠.

그러니 창의성을 기르려 애쓸 때, 무에서 유를 창조하려 하기보다는 주변의 아이디어들을 꼼꼼히 관찰하고, 그것들을 새롭게 조합해보는 연습을 해보면 어떨까요? 이런 과정을 통해 여러분도 세계적인 혁신가들처럼 놀라운 아이디어를 만들어낼 수 있을지 모릅니다.

피카소의 유명한 일화 중 하나를 예로 들어보겠습니다. 피카소는 여섯 살 때 디에고 벨라스케스Diego Velázquez의 〈시녀들〉을 보고 매일 이 그림을 똑같이 따라 그렸다고 합니다. 그리고 76세가 되어서도 피카소는 〈시녀들〉을 따라 그렸죠. 〈시녀들〉 전체 그림을 그리기도 하고 일부를 그리기도 했는데, 결국 그는 그림을 재창조하기에 이릅니다.

세계적 유통 기업 월마트의 성공 비결은 흔히 생각하는 것과는 다를 수 있어요. 창업자 샘 월턴은 자서전에서 놀라운 고백을 했죠. "내가 한 일의 대부분은 남이 한 일을 모방한 것이었다"라는 겁니다. 이는 혁신의 대명사로 여겨지는 기업의 창업자가 한 말이라고 믿기 어려울 정도로 파격적입니다.

월턴의 사업 방식은 그의 말을 뒷받침합니다. 그는 브라질의 비즈니스 모델을 관찰하고 이를 미국 시장에 맞게 적용했죠. 백화점과 슈퍼마켓의 장점을 결합한 하이퍼마켓 개념을 미국에 도입한 게 월턴이었습니다. 이는 단순한 모방이 아니라, 다른 문화의 성공적인 모델을 자신의 환경에 맞게 재해석하고 적용한 창의적인 과정이었어요.

더 놀라운 건 월턴의 학습 방식에 있습니다. 그는 경쟁사 CEO들을 만날 때 녹음기를 들고 다니며 그들의 지혜를 기록했죠. 이는 그의 겸손함과 끊임없는 학습 의지를 보여줍니다. 월턴은 자신이 모든 걸 안다고 생각하지 않았고, 다른 이들로부터 배우는 걸 부끄러워하지 않았습니다.

월턴의 접근법은 우리에게 중요한 교훈을 줍니다. 혁신이 반드시 완전히 새로운 것만을 의미하진 않는다는 사실입니다. 때로는 기존의 아이디어를 새로운 방식으로 조합하거나, 다른 맥락에서 성공한 모델을 자신의 상황에 맞게 적용하는 것도 혁신이 될 수 있죠. 또한, 겸손한 자세로 끊임없이 배우고 관찰하는 게 장기적 성공의 핵심임을 보여줍니다.

결국 월턴의 사례는 창의성과 혁신이 반드시 전에 없던 완전히 새로운 것만을 만들어내는 게 아니라는 점을 상기시킵니다. 오히려 주변을 주의 깊게 관찰하고, 다른 이들의 성공 사례를 배우며, 그걸 자신의 상황에 맞게 창의적으로 적용하는 능력이 더 중요할 수 있습니다.

기존의 것을 모방하고, 기존의 것을 한데 합치더라도 새로운 의미와 가치가 생겨난다면 그게 바로 혁신이자 창의입니다.

5. 아이디어는 질보다 양이 우선입니다

디자인 씽킹 워크숍이나 강연을 하다보면 많은 학생 및 참여자가 아이디어화 단계를 두려워한다는 사실을 발견하곤 합니다. 저는 이 단계에 보통 10분의 시간을 주는데, 대부분은 모두가 수긍할 만한 아이디어 다섯 가지 정도를 내놓고 그걸 더욱 정교하고 그럴싸하게 포장하는 데 나머지 시간을 써요.

하지만 아이디어를 낼 때는 적어도 30가지 이상을 내야 합니다. 일단 많이 내놓아야 그간 생각하지 못했던 아이디어도 끌어낼 수 있고, 아이디어가 다양하고 많을수록 좋은 아이디어가 나올 확률도 높아지기 때문입니다.

아이디어화 단계에서는 이른바 단계적 접근 방식이 유용합니다.

먼저 10분간 아이디어 10가지를 내게 합니다. 그리고 그 아이디어에 대해 살짝 비판한 후, 추가로 15분간 아이디어 10가지를 더 내게 해요. 그다음엔 또 추가로 낸 10가지 아이디어에 대해 더 세게 비판하고, 다시 20분간 아이디어 10가지를 내게 하죠. 즉, 45분간 30가지 아이디어를 내도록 훈련시키는 겁니다.

30가지나 아이디어를 내려니 이름만 다른 아이디어도 있고, 이미 세상에 나온 아이디어도 나옵니다. 그런데 그 와중에 놀라운 아이디어 한두 가지도 꼭 그 모습을 드러냅니다. 대부분 그런 아이디어는 20번째를 넘어설 때서야 등장해요.

즉, 아이디어가 20가지 나오기 전까지는 모범적이지만 감흥 없는 아이디어가 대부분이라는 거죠. 아이디어를 30가지 이상 내라는 이유가 그 때문입니다. 일반적인 아이디어는 로지컬 씽킹만으로 충분히 생각할 수 있어요. 하지만 그 이상을 '쥐어짜려면' 기존에 생각하지 못했던 가정이나 형용사를 써야 합니다.

아이디어 발상에서 질보다 양이 중요한 이유, 잘 와닿나요? 많이 쏟아내다 보면 그 안에서 진짜 혁신적인 아이디어가 튀어나올 수 있습니다. 물론 처음에는 엉뚱하고 황당한 아이디어 투성이일 수 있죠. 하지만 그게 바로 창의력의 씨앗입니다.

그러니 아이디어를 낼 때는 처음부터 완벽한 걸 만들려 들지 마세요. 일단 질보단 양에 초점을 맞추고, 30개 이상 쏟아내 보는 연습을 해보세요. 그 과정에서 여러분도 몰랐던 여러분만의 창의성을 발견할 수 있을 겁니다.

기억하세요. 아이디어는 질도 중요하지만 우선 양이 뒷받침되어야 합니다. 망설이지 말고 엉뚱한 상상의 날개를 펼쳐 보세요. 혁신은 그렇게 시작되니까요.

6. 손으로 만들 수 없는 아이디어는 좋은 아이디어가 아니다

창의적인 아이디어를 떠올렸다면, 그리고 그중에서 가장 실행 가능성이 높아 보이는 아이디어를 선택했다면 이제는 그 아이디어를 실현할 차례입니다. 이를 위해 시제품을 제작하고 테스트를 진행해야 합니다. 그렇다면 어떻게 해야 테스트를 효과적으로 진행할 수 있을까요?

i. 시제품Prototype 제작하기

국내 한 디자인 씽킹 워크숍에 참여한 경험이 있습니다. 이 워크숍은 코로나 팬데믹 때문에 온라인으로 진행되었는데, 예상보다 많은 사람들이 참석했고, 호응 또한 뜨거웠습니다. 특히 기억에 남은 일이 하나 있었습니다.

"여러분, 미술에 소질이 있나요? 그런 분은 손을 들어보세요."

참여자 열 명 중 한 명 정도만 손을 들었고, 나머지 사람들은 고개를 저었습니다.

"그럼, 미술 실력이 좋아야 디자인 씽킹을 잘할 수 있을까요? 조금 더 구체적으로 묻겠습니다. 그림을 잘 그리면 시제품 디자인이 더 잘 나올까요?"

많은 사람들이 그렇다고 대답했습니다. 하지만 그들은 덫에 걸린 것입니다.

"물론, 미술 실력이 좋다면 시제품을 더 잘 만들 수 있을 겁니다. 하지만 미술 실력이 없어도 괜찮습니다. 시제품을 만드는 것은 미술 대회가 아니니까요. 중요한 것은 아이디어를 시각적으로 표현하는 것입니다. 이제 종이를 꺼내세요. 제가 말하는 '스마일 아이콘'을 그려보세요. 사람의 감정을 그림으로 표현하는 것이 시제품 설계의 첫 단계입니다."

참여자들은 찡그린 얼굴, 웃는 얼굴, 당황한 얼굴, 짜증난 얼굴 등 다양한 표정을 가진 스마일 아이콘을 약 20분 동안 그려냈습니다.

"이제 여러분이 그린 스마일 아이콘을 카메라로 보여주세요."

모두 각자의 솜씨로 그림을 그렸습니다. 완벽한 그림은 아니었지만, 각 스마일이 어떤 감정을 표현하는지는 명확하게 알 수 있었습니다.

이후의 사례로는 아이디오가 한 바이오 기업의 디자인 씽킹 프로젝트를 진행했을 때입니다. 그들의 과제는 환자의 코 안을 들여다볼 수 있는 새로운 의료 기기를 개발하는 것이었습니다. 기존 기기보다 더 단순한 구조를 가지면서도 작아야 한다는 요구사항이 있었습니다.

난상토론이 이어졌고, 각자 머릿속의 아이디어를 자유롭게 쏟아냈습니다. 하지만 아이디어는 머릿속에만 맴돌고 구체화

출처: 아이디오

아이디오가 환자의 콧속을 들여다보기 위해 빠르게 구현한 의료기기 시제품 사진.
마커와 빨래집게 등 간단한 재료를 활용하여, 아이디어를 신속하게 구체화한 대표적인 사례이다.

되지 않았습니다. 그때 한 엔지니어가 갑자기 옆 회의실로 가더니, 잠시 후 예상치 못한 물건을 들고 나타났습니다.

그 물건이 바로 앞쪽의 사진인데, 정체가 뭘까요? 한번 상상해 보세요. 조금 우스꽝스럽기도 합니다. 사실 저것은 마커, 필름통, 빨래집게를 이용해 만든 '총'입니다. 투명 테이프로 대충 감아서 만들었지만, 회의에 참석한 사람들은 모두 작은 탄성을 내며 고개를 끄덕였습니다. 한 시간 넘게 논의하던 아이디어가 눈앞에 실체로 나타났기 때문입니다. 마감이 엉성할지라도, 그 아이디어를 빠르고 간단하게 구현해낸 점이 중요했습니다. 참고로, 아이디오는 이 '총'을 그들의 역사상 가장 훌륭한 시제품 중 하나로 평가합니다.

새로운 아이디어나 콘셉트를 시각화하는 일은 언제나 쉽지 않습니다. 그리고 남들에게 보여줄 때면 모양새에 신경이 쓰이기 마련입니다. 그러나 완벽하지 않은 상태에 대한 불편함은 잠시 접어두어도 됩니다. 시제품이야말로 수백 마디 말이나 매끈하게 다듬은 최종 결과물보다 훨씬 더 효과적이기 때문입니다. 손을 더럽히는 것을 두려워하지 말고 일단 만들어보세요. 완벽하지 않아도 심리적 장벽을 넘으면, 마치 어린 시절 자전거를 타는 것처럼 시제품을 자연스럽게 만들어나갈 수 있을 것입니다.

ii. 싸고 빠르게 실패해보기

디자인 씽킹에서는 정답이 없습니다. 우리는 종종 앞서 살펴봤던 '복잡다단한 문제'를 수학 문제처럼 풀려다가 오히려 답에서 멀어지는 경험을 하곤 합니다.

이러한 개념을 이해하기 위해 대표적인 창의성 및 팀워크 테스트인 마시멜로 챌린지를 살펴보겠습니다. 이 게임은 컨설팅사 오리엔테이션이나 MBA 강의 등에서 자주 사용됩니다. 다음은 마시멜로 챌린지의 간단한 규칙입니다.

각 팀은 4~5명으로 구성되며, 팀마다 스파게티 면 20가닥, 90cm 길이의 테이프와 실, 마시멜로 하나를 받습니다. 18분 내에 이 재료들로 가장 높은 탑을 쌓아야 하며, 탑은 벽이나 천장에 기대지 않고 오로지 스파게티 면만으로 세워져야 하죠. 마시멜로를 쪼개서 사용해서는 안 됩니다.

규칙은 간단하지만 실제로 해보면 결코 쉽지 않습니다. 대부분 처음에는 토론이 벌어지고, 그 후 계획을 세우고 스케치를 하느라 시간을 다 소비합니다. 제한 시간이 거의 끝날 때가 되어서야 서둘러 탑을 쌓기 시작하죠. 하지만 기대와는 달리, 대부분의 팀은 마시멜로를 올리는 순간 탑이 무너집니다.

흥미로운 점은 다양한 팀들이 도전했을 때, 가장 높은 탑을 쌓은 팀이 누구였는지입니다. MBA 학생들, 경영자들, 건축학

도들 중에 있었을까요? 정답은 유치원생들이었습니다. 유치원생들은 예상 밖의 창의적인 디자인으로 가장 높은 탑을 기록했습니다. 사람들은 호기심에 질문을 던집니다. "어떻게 이런 결과가 가능할까요?"

그 이유는 바로 정답 훈련에 있습니다. 우리는 나이를 먹으면서 사회에서 정답을 추구하는 사고방식이 고착되었습니다. 정답을 찾기 위해 많은 시간을 계획에 쏟고, 그 정답을 위해 모든 노력을 집중하죠. 하지만 이런 사고방식은 우리의 생각을 한 가지 정답에만 묶어두는 결과를 낳습니다.

반면, 유치원생들은 정답에 얽매이지 않습니다. 자유롭고 유연하게 생각하며, 즉각적으로 행동에 옮깁니다. 이러한 접근 방식은 액션-드리븐Action-Driven 개념으로 설명됩니다. 즉, 계획보다는 행동을 우선시하고, 경험을 통해 학습하는 것입니다.

유치원생들은 마시멜로 챌린지에서 사전 계획 없이 바로 탑을 세우기 시작합니다. 탑이 무너지면 다시 세우고, 필요하면 다른 형태로 변경하면서 지속적으로 시도합니다. 이러한 반복적이고 실험적인 과정은 빠른 피드백과 개선을 가능하게 하고, 창의력과 혁신을 촉진합니다. 이 과정에서 실패를 두려워하지 않고 다양한 방법을 시도하면서 학습의 속도도 빨라집니다.(뭔가 엄청 기발한 탑이 나오지는 않았습니다. 여기서 기발함은 유치원생들의 행

동력과 경험에 있을 겁니다)

액션-드리븐 학습 방식은 특히 창의적 문제 해결에서 매우 유용합니다. 학습자는 행동을 통해 피드백을 즉각적으로 이해하고, 창의적인 해결책을 탐색하며, 빠르게 문제를 해결하는 능력을 키워갑니다. 이는 교육뿐만 아니라 비즈니스, 공학, 디자인 등 다양한 분야에서 효과적으로 적용될 수 있습니다.

"만일 나무를 베기 위해 1시간이 주어진다면 나는 도끼날을 가는 데 45분을 쓰겠다." 에이브러햄 링컨Abraham Lincol의 말입니다. 준비의 중요성을 강조할 때 자주 인용되곤 합니다. 실제로 많은 이들이 준비, 계획, 설계에 많은 시간을 쏟곤 합니다. 이렇게 나무를 베기 전에 도끼를 오래 가는 것도 좋지만, 때로는 바로 도끼를 들고 가볍게 도전해보는 것이 더 나을 수 있습니다. 도끼 날이 무디면 그때 가는 것이고, 자세가 잘못되었다면 그때 바꾸면 됩니다. 실수를 빠르게 경험하고 그 경험을 바탕으로 개선하는 것이 디자인 씽킹의 핵심입니다. 실패는 어차피 피할 수 없는 것이니 싸고 빠르게 경험하는 것이 더 유리합니다.

iii. 장인정신으로 테스트하기

스탠퍼드 D.스쿨의 디자인 씽킹 강의 막바지에 다음과 같은 과제가 주어졌습니다.

　"다음 세션 때 저희가 보낸 선물 상자의 맨 밑바닥에 있는 빨간 다이어리를 준비해 주세요. 아직 다이어리를 찾지 못한 분들은 상자 바닥까지 확인해 보세요."

　늦은 저녁, 집에 도착해 선물 상자를 열어보니 서류, 색연필, 종이, 가위 아래에 새빨간 다이어리가 숨어 있었습니다. 그 다이어리는 너무나 정성스럽게 포장되어 있어, 포장지를 뜯는 것조차 조심스러웠습니다. 그리고 이틀 뒤 자정에 줌 강의에 접속했습니다.

　"자, 여러분! 다이어리를 준비하셨나요? 카메라 앞에서 흔들어 보여주세요!"

　모두 다이어리를 보여주며 분위기가 좋았습니다. 그런데 이어진 강사의 말에 귀를 의심했습니다.

　"이제 5분간 연습을 해보겠습니다. 주변에 있는 펜, 가위, 커피, 물 등 모든 도구를 사용해 여러분의 다이어리를 망가뜨려 보세요. 자르거나 찢고, 낙서하거나 더럽혀서 완전히 엉망으로 만들어 보세요."

　예쁜 다이어리를 망가뜨리라니, 충격적이었습니다. 하지만 5분이 지난 후, 강사는 철저한 평가를 시작했습니다.

　"자, 다이어리를 망가뜨린 모습을 보여주세요. 각자가 어떻게 했는지 봅시다. 스페인의 살바도르는 라이터로 다이어리를 그을렸군요! 아주 멋진 연기 자국이 남았네요. 쿠웨이트의 무하마드는 다이어리에 큰 구멍을 냈네요. 다시는 사용할 수 없을 정도로요."

이렇게 전 세계에서 모인 수강생들은 각자의 방식으로 다이어리를 망가뜨렸습니다. 그런데 왜 이런 일을 시켰을까요? 강사의 설명이 이어졌습니다.

"여러분이 애착을 가질 만한 물건이 있다면, 그 사랑을 한순간에 버릴 수 있어야 합니다. 그래야 몇 달을 고생해 만든 시제품도 미련 없이 부술 수 있습니다. 이런 냉정함과 용기가 없다면 진정한 디자인 씽킹을 할 수 없습니다."

이 말은 '장인정신'의 요약과도 같습니다. 우리가 흔히 보는 장인들의 작업은 오랜 시간 다져진 완벽한 동작으로 이루어집니다. 그러나 그들은 때로는 멀쩡해 보이는 제품을 과감하게 버리기도 합니다. 겉으로 보기에는 멀쩡한 제품이라도 작은 흠이 있거나 불량품일 수 있기 때문입니다. 장인이 정성스레 만든 도자기를 망치로 깨는 장면도 이런 장인정신의 전형적인 예입니다.

시제품을 테스트할 때는 이러한 장인정신이 필요합니다. 아주 사소한 문제라 할지라도 미련 없이 시제품을 수정하고 개선해야 합니다. 문제를 찾아내는 것이 테스트의 본질이니까요. 오히려 문제를 발견하면 기뻐해야 합니다. 만약 그 문제가 제품 출시 후에 발견된다면, 그간의 모든 노력이 물거품이 되고 큰 손실을 감수해야 할 것입니다.

디자인 씽킹의 시제품 테스트는 그 어느 단계보다도 엄격해야 합니다. 과제의 규모나 비용에 상관없이, 테스트를 제대로 하지 않으면 그동안의 노력이 한순간에 무너질 수 있습니다. 테스트를 단순히 시제품 제작의 다음 단계로만 여긴다면, 이는 큰 착각입니다.

따라서 테스트 단계에서는 최대한 많은 사람들에게 시제품을 사용해보게 하고 그들의 피드백에 귀를 기울여야 합니다. 제품의 진정한 평가는 고객이 내리는 것이며, 조금이라도 불편함이나 문제점이 있다면 처음부터 다시 시작해야 합니다. 시제품을 테스트하는 단계에서 얻는 힘은 바로 이러한 피드백에서 나옵니다. 테스트의 결과에 따라 초기 단계로 돌아가야 할 수도 있고, 예측할 수 없을 정도로 많은 반복 작업이 뒤따를 수 있습니다. 그리고 이런 반복이야말로 디자인 씽킹의 핵심 과정 중 하나입니다.

비즈니스 인사이트:
이전에 없던 생각의 탄생

테슬라 주가가 3분기에
주당 200달러를 회복하면서
우드는 다시금 30%가 넘는
수익률을 기록했습니다.
그녀는 "혁신은 예상보다 더 빨리 온다"라고
말했는데, 이는 미래 기술에 대한
그녀의 깊은 통찰을 반영합니다.
이러한 투자 성공 일화는
통찰력의 여러 측면을 보여줍니다.

그래서 통찰력이 정확히 뭔데?

통찰력은 단순히 사물을 바라보는 것을 넘어서는 강력한 인지 능력입니다. '인사이트'라고도 불리는 이 능력은, 우리가 이미 알고 있는 정보들을 새롭게 연결하고 재해석하여 전에 없던 새로운 정보나 아이디어를 창출해내는 힘을 의미합니다.

통찰력의 개념은 고대 그리스 철학자들로부터 시작되었습니다. 플라톤은 '동굴의 우화'를 통해 진정한 지식과 통찰의 중요성을 강조했습니다. 그는 "우리가 보는 것은 실재의 그림자에 불과하다"라고 말하며, 진정한 통찰력은 표면적인 현상을 넘어 본질을 파악하는 것임을 시사했습니다.

레오나르도 다빈치는 "가장 위대한 천재는 가장 평범한 것에서 비범함을 발견한다"라고 말했습니다. 이는 통찰력이란 주변의 일상적인 것들 속에서 특별한 의미를 찾아내는 능력임을 강조한 것입니다.

20세기에 들어 심리학자 카를 융Carl Gustav Jung은 "모든 위대한 통찰은 연관성 없어 보이는 사실들 사이의 관계를 발견하는 것에서 시작된다"라고 말했습니다. 이는 통찰력이 단순한 관찰을 넘어 복잡한 패턴을 인식하는 능력이라는 뜻입니다.

현대 심리학에서는 통찰력을 '아하! 순간'이라고 표현하기도 합니다. 이는 갑자기 문제의 해결책을 깨닫는 순간을 의미하며, 게슈탈트 심리학Gestaltpsychologie이라는 분야에서는 통찰력이 문제의 요소들을 재구성하여 새로운 구조를 만들어내는 과정으로 설명합니다.

통찰력의 종류와 비즈니스 능력

통찰력은 크게 네 가지 종류로 나눌 수 있습니다. 패턴 인식 통찰력, 직관적 통찰력, 분석적 통찰력 그리고 창조적 통찰력입니다. 이런 통찰력은 인간의 감각기관이 다양한 정보를 수집하고 처리하는 것처럼 각기 다른 방식으로 우리의 인지 능력을 확장시킵니다.

먼저, 패턴 인식 통찰력은 마치 인간의 시각과 같습니다. 복잡한 데이터나 상황 속에서 반복되는 패턴을 발견하는 이 능력은 마치 눈이 세밀한 변화와 규칙을 감지하는 것처럼 빅데이터 시대에 중요한 역할을 합니다. 시장 트렌드나 소비자 행동을 예측하는 데 활용되며, 넷플릭스의 콘텐츠 추천 시스템이 그 대표적인 예입니다. 넷플릭스는 사용자의 시청 패턴을 분석하여 개인화한 추천을 제공하는데, 이는 패턴 인식 통찰력을 효과적으로 활용한 사례입니다. 마케팅 전략 수립이나 리스크 관리에서도 이 능력은 필수적입니다.

다음으로, 직관적 통찰력은 우리의 촉각과 유사합니다. 즉각적인 판단과 이해를 가능하게 하는 이 능력은 마치 손끝으로 사물을 만지고 곧바로 그것이 무엇인지 감지하는 것처럼, 논리적 과정 없이 빠르게 상황을 파악합니다. 경험과 전문성이 근본이며 빠른 의사결정이 필요한 리더십이나 위기 관리에서 중요한 역할을 합니다.

스티브 잡스의 아이폰 개발 결정은 직관적 통찰력의 대표적인 예입니다. 그는 소비자의 요구를 누구보다 빨리 파악했고, 이는 성공적인 제품 출시로 이어졌습니다.

분석적 통찰력은 청각에 비유할 수 있습니다. 복잡한 문제를 해결하기 위해 데이터와 정보를 체계적으로 분석하는 이 능력은 마치 귀가 중복된 여러 소리를 분석하여 중요한 정보를 추출하는 것과 같습니다.

제프 베이조스의 아마존 프라임 서비스 도입은 철저한 데이터 분석을 바탕으로 이뤄진 분석적 통찰력의 결과입니다. 이 능력은 전략 기획이나 재무 분석, 운영 최적화에서 중요한 역할을 합니다.

마지막으로, 창조적 통찰력은 우리의 후각과 미각처럼 새로운 것을 탐지하고 만들어내는 능력과 유사합니다. 후각이 새로운 향기를 발견하고, 미각이 맛을 창조적으로 조합하듯, 창조적 통찰력은 기존의 아이디어를 새롭게 조합하거나 전혀 새로운 아이디어를 만들어냅니다.

일론 머스크Elon Musk의 스페이스X 프로젝트는 기존 우주 산업의 패러다임을 뒤집은 창조적 통찰력의 산물입니다. 혁신 관리, 제품 디자인, 브랜드 전략에서도 이 통찰력은 필수적입니다.

후견지명과 선견지명 그리고 통찰력

통찰력의 본질을 이해하기 위해서는 볼링그린주립대학교 메슈 커츠Metthew kutz 교수의 삼차원 사고모형을 살펴볼 필요가 있습니다. 이 모형은 '후견지명Hindsight', '선견지명Foresight' 그리고 '통찰력'으로 구성됩니다.

후견지명은 우리의 과거 경험과 지식을 의미하며, 선견지명은 이를 바탕으로 미래를 예측하는 능력을 말합니다. 그러나 통찰력은 이 두 가지를 뛰어넘는 능력입니다. 보이는 것 너머의 보이지 않는 것을 파악하고, 겉으로 드러나지 않은 패턴과 연결성을 발견하는 힘입니다.

역사적으로 많은 혁신과 발견이 통찰력의 결과물이었습니다.

예를 들어, 아이작 뉴턴Isac Newton의 만유인력 법칙 발견은 단순한 사과 낙하 현상에 대한 깊은 통찰에서 비롯되었습니다. 뉴턴은 "나는 거인들의 어깨 위에 서 있었기에 더 멀리 볼 수 있었다"라고 말했는데, 이는 후견지명(선인들의 지식)을 바탕으로 한 통찰력의 중요성을 강조한 것입니다.

또 다른 예로, 알렉산더 플레밍Alexander Fleming의 페니실린 penicillin 발견을 들 수 있습니다. 그는 우연히 발견한 곰팡이의 항균 작용에 대해 깊은 통찰을 가졌고, 이는 현대 항생제의 시초가 되었습니다. 플레밍은 "때때로 우리는 찾고 있던 것이 아닌 다른 것을 발견하곤 한다"라고 말했는데, 이는 통찰력이 예상치 못한 곳에서 중요한 발견을 할 수 있게 해준다는 점을 강조한 것입니다.

현대 비즈니스 세계에서도 후견지명과 선견지명, 그리고 통찰력의 조화는 매우 중요합니다. 예를 들어, 애플의 아이폰 개발은 과거 모바일 기기의 한계(후견지명)와 미래 기술 발전 방향(선견지명)에 대한 이해를 바탕으로, 소비자들이 원하는 것을 정확히 파악한 통찰력의 결과물이라고 할 수 있습니다.

비즈니스 세계에서의 통찰력과 그 적용

비즈니스 세계에서 통찰력은 혁신과 성공의 핵심 요소입니다. 워런 버핏Warren Buffet의 골드만삭스 투자는 통찰력의 힘을 잘 보여주는 사례입니다. 그는 2008년 세계금융위기 당시에 골드만삭스의 장기적인 가치를 믿고 50억 달러를 투자했습니다. 시장이 극도로 불안정했지만 결과적으로 그의 통찰력은 정확했고 불과 몇 년 사이에 38억 달러의 투자 수익을 얻을 수 있었습니다. 버핏은 "다른 사람들이 탐욕스러울 때 두려워하고, 다른 사람들이 두려워할 때 탐욕스러워져라"라는 유명한 말을 남겼는데, 이는 통찰력을 통해 시장의 흐름을 역행하는 투자 전략의 중요성을 강조한 것입니다.

스티브 잡스의 아이폰 출시도 뛰어난 통찰력의 예입니다. 그는 "사람들은 자신이 원하는 것을 모른다. 우리가 그들에게 보여줄 때까지"라고 말했습니다. 이는 소비자의 잠재적 욕구를 읽어내는 통찰력의 중요성을 잘 말해줍니다.

아크 인베스트ARK Invest의 창업자 캐서린 우드Catherine Wood의 테슬라 투자 역시 주목할 만한 사례입니다. 그녀는 테슬라의 혁신 잠재력을 높이 평가하고 2018년부터 대대적인 투자를 했습니다. 그녀의 예상대로 2020년에 테슬라의 주가가 급등했고 그녀의 펀드는 수십 억 달러에 이르는 수익을 실현했습니다. 2024년 2분기에 테슬라 주가는 급락했지만 그녀는 오히려 바이 더 딥Buy The Dip 투자 전략을 취했습니다. 테슬라 주가는 3분기에 주당 200달러를 회복하면서 그녀는 다시금 30%가 넘는 수익률을 기록했습니다. 우드는 "혁신은 예상보다 더 빨리 온다"라고 말했는데, 이는 미래 기술에 대한 그녀의 깊은 통찰을 반영합니다.

이러한 투자 성공 일화는 통찰력의 여러 측면을 보여줍니다. 첫째, 표면적인 현상을 넘어 본질을 꿰뚫어 보게 해줍니다. 둘째, 개인적인 이해관계나 감정에 얽매이지 않고 객관적으로 상황을 판단할 수 있게 합니다. 셋째, 여러 작은 징후로부터 큰 결과를 예측하는 힘이 됩니다.

왜 비즈니스의 통찰력인가?

비즈니스 세계에서 통찰력은 단순한 지식이나 경험을 넘어서는 핵심적인 능력입니다. 성공적인 기업들은 다양한 분야에 통찰력을 적용하여 경쟁 우위를 확보하고 지속적인 성장을 이루어 냅니다.

이러한 통찰력의 적용은 크게 전략 수립, 제품 혁신, 마케팅 그리고 리스크 관리 분야에서 두드러지게 나타납니다.

전략 수립에서의 통찰력 적용은 기업의 장기적인 방향성을 결정짓는 핵심 요소입니다. 아마존의 제프 베이조스는 이러한 전략적 통찰력의 대표적인 예시를 보여줍니다. 그는 단순한 온라인 서점에서 시작해 '지구상에서 가장 고객 중심적인 기업'이라는 원대한 비전을 세웠습니다. 이는 현재의 시장 상황을 분석하는 것을 넘어, 미래의 소비자 행동과 기술 발전을 예측하는 깊은 통찰력의 결과였습니다.

베이조스의 통찰력은 아마존을 단순한 전자상거래 기업에서 클라우드 컴퓨팅, 인공지능, 엔터테인먼트 등 다양한 분야를 아우르는 거대 기업으로 성장시켰습니다. 이는 '고객 중심'이라는 핵심 가치를 바탕으로, 끊임없이 새로운 영역을 개척하고 혁신을 추구한 결과입니다.

베이조스의 "하루하루가 첫날인 것처럼 행동하라"는 말은 이러한 전략적 통찰력의 중요성을 잘 보여줍니다. 이는 기업이 계속해서 새로운 기회를 발견하고, 변화하는 시장에 적응해야 한다는 그의 깊은 통찰을 반영합니다.

제품 혁신 분야에서의 통찰력은 소비자의 잠재적 니즈를 파악하고 이를 충족시키는 혁신적인 제품을 개발하는 데 필수적입니다. 애플의 아이폰은 이러한 제품 혁신 통찰력의 대표적인 사례입니다. 스티브 잡스는 당시 존재하지 않았던 스마트폰 시장의 잠재력을 예견했습니다.

마케팅 분야에서의 통찰력은 소비자 행동과 심리에 대한 깊은 이해를 바탕으로 효과적인 전략을 수립하는 데 필수적입니다. 나이키의 "Just Do It" 캠페인은 이러한 마케팅 통찰력의 탁월한 예시입니다. 이 캠페인은 단순히 운동화나 운동복을 판매하는 것이 아니라, 소비자들의 내면에 있는 도전 정신과 성취욕을 자극했습니다.

나이키는 운동이 단순한 신체 활동이 아니라 자아실현의 수단이 될 수 있다는 깊은 통찰을 바탕으로 이 캠페인을 만들어 냈습니다. "Just Do It"이라는 간단한 문구는 운동에 대한 두려움, 망설임 그리고 변명을 극복하라는 강력한 메시지를 전달합니다. 이는 소비자들의 심리적 장벽을 정확히 파악하고, 이를 극복하도록 동기를 부여하는 통찰력의 결과물입니다. 이 캠페인의 성공은 나이키를 스포츠 용품 회사에서 글로벌 라이프스타일 브랜드로 탈바꿈시켰고, 30년이 넘는 시간 동안 지속되며 마케팅 역사에 길이 남을 성공 사례가 되었습니다.

리스크 관리 분야에서의 통찰력은 잠재적 위험을 예측하고 이에 효과적으로 대비하는 데 중요한 역할을 합니다. 2008년 세계금융위기는 이러한 리스크 관리 통찰력의 중요성을 극명하게 보여준 사건입니다.

당시 대부분의 금융기관들이 부동산 시장의 거품을 간과하고 있을 때, 일부 투자자들은 이를 예견하고 대비했습니다. 예를 들어, 헤지펀드 매니저 마이클 버리Michael Burry는 서브프라임 모기지 시장의 붕괴를 예측하고 이에 베팅했습니다. 그의 통찰력은 복잡한 금융 상품 속에 숨겨진 리스크를 발견하고, 이를 바탕으로 과감한 투자 결정을 내리는 데 중요한 역할을 했습니다. 반면, 리스크를 제대로 파악하지 못한 많은 금융기관들은 심각한 타격을 받았습니다. 이는 단순히 현재의 지표만을 보는 것이 아니라, 시장의 구조적 문제와 잠재적 위험을 파악하는 깊은 통찰력의 중요성을 보여줍니다. 리스크 관리를 위한 통찰력은 기업의 생존과 직결되며 위기 상황에서 기회를 포착할 수 있는 핵심 능력입니다.

이처럼 비즈니스에서의 통찰력 적용은 기업의 성공과 지속 가능한 성장에 결정적인 역할을 합니다. 전략 수립, 제품 혁신, 마케팅, 리스크 관리 등 다양한 분야에서 통찰력은 기업이 시장의 변화를 선도하고, 소비자의 니즈를 충족시키며, 잠재적 위험을 효과적으로 관리할 수 있게 해줍니다.

3부

크리에이티브 씽킹
확산하기

09

크리에이티브 씽커들은
어떻게 소통할까?

많은 이들은 창의성을 상품 개발이나
마케팅 같은 특정 부서에서만
필요한 것으로 오해하곤 합니다.
"우리는 재무팀인데,
재무가 창의적이면 안 되잖아요?"라는
말을 듣는 것도 드문 일이 아닙니다.
이는 창의성에 대한 잘못된 인식을
보여주는 대표적인 예입니다.

브레인트러스트

브레인트러스트Braintrust는 다양한 인재들의 지식과 창의성이 모이는 곳에서 그 효과와 중요성이 극대화됩니다. 픽사 스튜디오Pixar Studio는 이 구조를 통해 자유로운 아이디어 교환과 피드백을 주고받는 열린 커뮤니케이션 환경을 조성함으로써 지속적으로 창의적인 결과물을 만들어냈습니다. 이 과정에서 주요 멤버들은 문제의 본질을 정확히 파악하고, 서로의 견해를 바탕으로 최선의 해결책을 찾는 협력의 장을 마련했습니다.

픽사의 브레인트러스트는 단순히 의견을 나누는 데 그치지 않고, 실제 작업 진행 상황을 공유하며 창의적 아이디어를 프로젝트에 반영하는 구체적인 방법론을 제시합니다. 각 회의는 구성원이 자신의 전문성을 바탕으로 구체적이고 실현 가능한 아이디어를 제시하는 자리이며 이는 프로젝트의 질 향상과 팀원 간 신뢰 형성에 기여합니다.

브레인트러스트의 주요 원칙은 다음과 같습니다. 첫째, 개방성입니다. 모든 의견은 평가받아야 하며, 어떤 아이디어도 자유롭게 표현될 수 있어야 합니다. 둘째, 솔직함입니다. 구성원들은 직설적일지라도 서로에게 솔직한 피드백을 제공해야 하며, 이는 작품의 질 향상을 위한 것임을 명심해야 합니다. 셋째, 존중입니다. 각 구성원의 의견과 전문성을 존중하고, 서로의 차이를 인정하고 받아들입니다. 마지막으로, 협력적 해결책 모색입니다. 구성원들은 문제 해결에 집중하고, 개인의 이익을 떠나 최적의 해결책을 찾기 위해 노력합니다.

이러한 원칙은 브레인트러스트가 효과적으로 기능할 수 있도록 하며, 픽사의 지속적인 성공을 뒷받침합니다. 픽사의 사례는 효과적인 커뮤니케이션과 협업이 조직의 창의성과 혁신을 어떻게 촉진할 수 있는지 잘 보여줍니다. 이는 다른 조직이나 팀에도 집단 창의성과 협업을 강화하는 유용한 방식으로 적용될 수 있습니다. 브레인트러스트 방식은 창의성을 활성화하고 협업을 강화하려는 모든 조직에게 적극 권장할 수 있습니다.

브레인트러스트의 활용은 일상적인 소통과 협업에도 깊은 영감을 줄 수 있습니다. 구성원이 자신의 전문성과 경험을 바탕으로 아이디어를 자유롭게 제안하고, 모든 의견이 존중받는 환경에서 창의적인 생각은 자연스럽게 피어납니다. 이러한 방식은 단순히 업무 공간에만 국한되지 않고, 모든 형태의 팀워크에 적용할 수 있습니다.

창의적인 조직의 창의성 회의 4단계

다음은 브레인트러스트 원칙을 실제로 적용하는 방법입니다. 첫째, 지시보다는 아이디어 제안이 중요합니다. 팀원들이 함께 목표를 설정하고, 회의와 협업에서 그 목표를 명확히 인식한 후 아이디어를 제안해야 합니다. 또한 역할 분담을 명확히 하되, 아이디어 제시와 피드백 과정에서는 서로의 영역을 넘나드는 것을 두려워하지 않아야 합니다. 최종 결정권자는 정해두되, 다양한 의견을 수렴하여 결정을 내리는 것이 바람직합니다.

둘째, 성공을 최우선으로 여기는 태도가 필요합니다. 이 과정에서 피드백은 매우 중요한 역할을 합니다. 동료의 성공을 돕는 피드백은 조직 전체의 성공으로 이어집니다. 또한, 성과를 공유하여 팀원들의 동기부여와 소속감을 높여야 합니다.

셋째, 솔직한 소통을 추구해야 합니다. 피드백은 공개적인 자리에서 투명하게 이루어져야 하며, 이를 통해 문제에 대해 공개적으로 토론하고 다양한 해결책을 모색할 수 있습니다. 이러한 과정은 신뢰와 존중을 바탕으로 한 건강한 조직 문화로 발전합니다.

넷째, '빼기'보다는 '더하기' 화법을 사용하는 것이 좋습니다. 긍정적인 반응은 문제 해결에 대한 의욕을 북돋우며, "맞습니다, 그리고"라는 표현을 통해 동료의 아이디어를 발전시키고 더 나은 결과를 위해 함께 노력하는 자세가 필요합니다. 기존 아이디어에 새로운 생각을 더하면 더욱 창의적이고 혁신적인 결과를 얻을 수 있습니다.

이러한 브레인트러스트 방식은 픽사의 영화 제작에만 국한되지 않고, 모든 조직에서 창의성과 혁신을 촉진하는 유용한 도구로 활용될 수 있습니다. 각 팀원이 자신의 의견을 자유롭게 표현할 수 있는 환경을 조성함으로써 창의적인 아이디어가 더욱 활발하게 발굴되고 실행될 수 있습니다.

이러한 브레인트러스트 원칙들을 일상 업무 환경에 적용하면, 팀의 창의성과 생산성이 크게 향상될 것입니다. 이는 단순히 업무 효율성을 넘어, 조직 문화의 긍정적 변화와 혁신을 이끌어내는 강력한 도구가 될 것입니다.

크리에이티브 씽커들의 시너지 효과

창의성을 키우기 위해서는 팀 구성이 핵심입니다. 팀 리더도 중요하지만, 다양한 배경과 경험을 가진 인재들로 팀을 구성하는 것이 더욱 중요합니다. 이질적인 협업이 가능하도록 각 분야에서 높은 전문성을 가진 인재를 모아야 하며, 이들의 전문성을 하나로 융합할 수 있도록 다학문적 관점과 역량을 갖춘 리더가 필요합니다.

앞서 언급했던 아이디오는 창의적인 팀워크로도 매우 유명합니다.《비즈니스위크》가 2009년 BCG에 의뢰해 발표한 '세계에서 가장 혁신적인 기업 25'에 아이디오는 디자인 회사 중 유일하게 이름을 올렸습니다. 그리고 놀랍게도 나머지 24곳은 모두 아이디오의 고객사였죠. 아이디오는 단순히 제품과 서비스를 디자인하는 데 그치지 않고, 조직 구성과 의사결정 구조까지도 혁신적으로 디자인합니다. 대표적인 성공 사례로는 애플의 첫 컴퓨터 마우스 개발이 있습니다.

《패스트컴퍼니》는 아이디오를 '세계 최고의 디자인 회사'라고 평가했고,《월스트리트저널》은 '상상의 놀이터'라며 극찬했습니다.《포춘》은 아이디오에 대해 "혁신 대학에서의 하루"라는 제목을 붙였고, "디자인 씽킹 하면 아이디오"라는 말이 나올 정도로 아이디오는 디자인 씽킹을 적극적으로 활용하는 회사로 평가받습니다.

아이디오의 창의적인 협업을 보여주는 대표적인 사례로 쇼핑 카트 프로젝트를 들 수 있습니다. 이 프로젝트는 30년 전 미국 ABC 방송의 뉴스프로그램 〈나이트라인〉에서 방영되었습니다. 한 마트가 아이디오에 의뢰한 프로젝트로, "현재 마트에서 사용하는 쇼핑 카트의 문제를 개선해 새로운 카트를 닷새 안에 만들어달라"는 요청이 주어졌습니다.

아이디오는 곧바로 팀을 꾸렸습니다. 스탠퍼드대학교 출신 엔지니어, 하버드대학교 MBA 출신, 언어학자, 의학전문대학원 휴학 중인 생물학 전공자, 마케터 등 다양한 배경을 가진 인재들이 모였습니다. 이들이 모두 디자인 전문가일까요? 아닙니다. 쇼핑몰 비즈니스나 유통업에 대한 경험이 많을까요? 아마도 그렇지 않을 것입니다. 그럼에도 불구하고, 이들은 새로운 쇼핑 카트를 디자인하는 데 최적의 팀이었습니다.

유능한 팀장보다
다양한 팀원이 필요한 이유

기존에 없던 쇼핑 카트를 만들기 위해서는 고객과 공감하고, 문제를 명확히 정의하며, 열린 마음으로 아이디어를 도출하고, 빠르게 시제품을 만들어 테스트해야 했습니다. 이 과정에서 이질적 협업이 필수적이며, 앞서 언급한 팀원들은 이 조건을 완벽하게 충족했습니다.

창의성이 필요한 팀워크를 원하나요? 팀장의 능력보다 팀원의 다양성이 더 중요합니다. 팀을 다양하게 구성했다면, 이제 이들을 활용해 창의적인 결과를 만들어내야 합니다. 이때 그라운드 룰을 설정하는 것이 좋습니다. 다음은 아이디오가 사용하는 브레인스토밍의 7가지 원칙으로, 창의성을 키우는 협업의 규칙으로도 매우 유용합니다.

브레인 스토밍의 7가지 원칙

• 아이디어에 대한 판단은 잠깐 뒤로 미루세요.

아이디어가 좋은지 나쁜지에 대한 판단은 잠시 보류하고 계속해서 아이디어가 쏟아지도록 분위기를 유지해야 합니다.

- **엉뚱한 아이디어라도 기꺼이 환영해주세요.**

많은 아이디어를 얻기 위해서는 바보 같아 보이는 엉뚱한 아이디어도 받아들여져야 합니다.

- **다른 사람의 아이디어라도 힌트 삼아 발전시켜보세요.**

아이디어란 '낡은 요소들의 새로운 결합'이기도 합니다. 낡아 보이는 것들을 연결시켜 보세요. 새로운 통찰력을 얻을 수 있습니다.

- **주제에 초점을 맞추세요.**

문제에 대한 좋은 아이디어를 얻기 위해서는 목표에서 벗어나지 않기 위해 집중해야 합니다.

- **한 번에 한 사람만 말하세요.**

방해 없이, 묵살 없이, 무례함 없이 평등한 관계와 밝은 분위기를 유지해야 좋은 아이디어들이 나옵니다.

- **글 외에 시각 정보로도 보여주세요.**

그림으로 보여주는 것도 효과적입니다. 그림보다 손으로 만질 수 있는 입체적 물건이라면 더 환영입니다. 말없이 그냥 보고 만지는 것만으로도 설명 가능한 수준의 시각화를 추구해야 합니다.

- **가능한 한 많은 아이디어를 내세요.**

아이디어의 질은 아이디어의 양에 의해 좌우된다는 점 명심하세요.

창의성을 키우는 4단계 협업 방식

마지막으로 창의성을 키우는 협업 방식에 대해서 이야기해볼 게요. 이 방식은 4단계로 구성됩니다.

창의성을 키우는 협업 방식

- **1단계: 준비하기**

진행자 1명과 5~6명 정도의 팀원으로 팀을 꾸립니다. 주제를 정하고 아이디어의 목표 수치를 공지합니다. 오리엔테이션 단계에서는 아이디어 목표 수치가 많으면 많을수록 효과가 높다고 알려져 있습니다.

- **2단계: 아이디어 확산**

주제를 공유했다면 이제 아이디어를 확산해나갈 단계입니다. 자유롭고 편한 분위기에서 가능한 한 많은 아이디어를 내야 합니다. 주어진 시간 내로 사전에 공지된 아이디어 목표 수치를 달성하는 것은 당연히 해야 할 일입니다.

- **3단계: 아이디어 분류하고 조합하며 토론하기**

모든 아이디어에 대해서 하나씩 토론을 한 후 비슷한 아이디어끼리 분류한 다음, 이질적인 분류들끼리 합쳐봅니다.

- **4단계: 평가 및 선정**

마지막 단계는 가장 우수한 아이디어를 선정하기 위한 평가를 진행합니다. 평가를 숙고하기 위해서 시간을 가지고 다음 회의에 평가하기도 하고, 평가자를 전문가로 선정하여 평가할 수도 있습니다.

자, 이제까지 이야기한 내용을 세 가지로 요약해보겠습니다. 첫째, 창의성을 키우기 위해서는 다양한 배경을 가진 팀을 구성하는 것이 중요합니다. 둘째, 일하는 그라운드 룰을 명확히 정해, 모든 팀원이 같은 방향을 향해 나아갈 수 있도록 해야 합니다. 마지막으로, 일하는 방식과 프로세스를 설정하고 그에 맞춰 업무를 진행해야 합니다.

별거 아닌 것처럼 느껴질 수 있습니다. 하지만 창의적인 아이디어는 대단한 프레임이나 방법론에서 나오는 것이 아닙니다. 또한, 천재들의 머릿속에서 어느 날 갑자기 나오는 것도 아닙니다. 창의적인 아이디어는 잘 갖춰진 환경, 다양한 팀 구성원 그리고 명확한 규칙과 프로세스에서 비롯된다는 점을 다시 한 번 강조하고 싶습니다.

픽사에서 찾은 크리에이티브 씽커의 리더십

"배를 만들고 싶다면, 사람들에게 나무를 주고 건조를 지시하는 대신, 그들로 하여금 넓고 끝없는 바다를 동경하게 만들어야 합니다." 이 말은 앙투안 드 생텍쥐페리Antoine de Saint-Exupéry가 남긴 명언으로, 창의적 조직 문화를 구축하는 데 있어 리더의 역할을 강조합니다. 창의성이 넘치는 조직을 만들기 위해서는 리더가 어떻게 팀을 이끄는지가 결정적인 영향을 미칩니다. 여기서 중요한 질문이 제기됩니다. 리더가 직접 창의적인 사람이 되어야 할까요, 아니면 창의적인 팀원들을 선발하고 그들이 창의적으로 활동할 수 있는 환경을 조성하는 데 더 중점을 두어야 할까요?

두 번째 접근 방식이 훨씬 더 효과적이라는 것을 픽사의 사례에서 알 수 있습니다. 픽사는 혁신적인 제작 환경을 조성하여 지속적으로 성공적인 작품을 창출해낸 기업으로, 창의적 리더십의 모범 사례로 꼽힙니다. 픽사의 리더들은 각기 다른 전문 분야의 팀원들이 활발하게 아이디어를 교환하고, 자유로운 의사소통을 통해 창의적인 해결책을 도출할 수 있는 환경을 만드는 데 중점을 두고 있습니다.

픽사에서 운영하는 '브레인트러스트'는 독특한 시스템입니다. 이는 프로젝트 감독과 그의 팀이 현재 작업 중인 애니메이션의 진행 상황을 공유하고 문제점을 제시하며, 다양한 전문가들이 피드백을 제공하는 구조입니다. 이 시스템의 핵심은, 최종 창의적 결정권이 감독에게 있으며, 제시된 의견을 모두 수용할 필요는 없다는 점입니다. 감독은 다양한 의견을 듣고 자신의 비전에 맞게 선택할 수 있습니다.

픽사의 리더십은 창의적 아이디어의 발굴뿐 아니라 이를 실행 가능한 결과물로 이끄는 과정을 강조합니다. 리더는 각 팀원이 자신의 분야에서 최선을 다할 수 있도록 지원하며, 명확한 책임을 지우면서도 동시에 자유로운 의사 표현을 장려합니다. 이는 개인의 독립성을 존중하면서도 협업을 통해 더 큰 목표를 이루려는 픽사의 핵심 철학입니다.

특히 픽사의 리더들은 다양한 관점을 수렴하는 데 큰 가치를 둡니다. 이러한 접근은 팀원들이 실패를 두려워하지 않고 창의적인 도전을 할 수 있는 환경을 조성합니다. 리더들은 팀원들에게 실패가 학습의 과정이라는 메시지를 전하며, 이를 바탕으로 다음 단계로 나아가도록 돕습니다. 실패를 단순히 결과로 판단하는 것이 아니라, 이를 통해 얻은 통찰을 다음 프로젝트에 반영하는 구조가 픽사의 지속적 성장의 원동력입니다.

또한 리더는 구성원들이 각자 기여한 아이디어가 프로젝트에 어떻게 반영되는지를 명확히 인식하도록 돕습니다. 이는 팀원들이 자신들의 노력이 궁극적으로 전체 프로젝트에 어떻게 기여하는지 이해하게 하여, 동기부여와 주인의식을 고취시키는 역할을 합니다.

픽사의 리더십은 이처럼 창의적 발상을 단순히 장려하는 것을 넘어, 이를 실질적인 결과로 전환시키는 데 중점을 두고 있습니다. 이러한 리더십 방식은 픽사가 지속적으로 혁신적이고 감동적인 작품을 만들어낼 수 있는 기반이 되고 있습니다.

어떤 일을 하든, 창의적이어야 하는 이유

창의적인 조직을 만드는 것은 결코 쉬운 일이 아닙니다. 최고 경영진부터 신입 사원까지 모든 구성원이 함께 노력해도 달성하기 어려운 목표입니다. 하지만 이는 조직의 지속적인 성장과 혁신을 위해 반드시 필요한 과정입니다.

많은 사람들은 창의성을 특정 개인의 특별한 재능으로 여기거나, 상품 개발이나 마케팅 같은 특정 부서에서만 필요한 것으로 오해하곤 합니다. "우리는 재무팀인데, 재무가 창의적이면 안 되잖아요?"라는 말을 듣는 것도 드문 일이 아닙니다. 이는 창의성에 대한 잘못된 인식을 보여주는 대표적인 예입니다.

하버드대학교의 테레사 아마빌레Teresa Amabile 교수는 "경비원도 창의적이어야 할까요?"라는 질문에 주저 없이 "물론이죠"라고 대답했습니다. 이는 창의적인 조직을 만들기 위해 모든 구성원이 새로운 아이디어를 내고 도전적인 시도를 하는 것이 당연한 문화로 자리 잡아야 한다는 의미입니다.

창의성을 단순히 예술가들의 특별한 재능으로만 여긴다면, 경비원의 창의성은 중요하지 않게 보일 수 있습니다. 그러나 빠르게 변화하는 경영 환경에서 조직이 적응하고 새로운 경쟁력을 만들어가기 위해서는 모든 구성원의 창의성이 필요합니다. 경비원의 창의적인 아이디어가 조직의 보안 시스템을 혁신적으로 개선할 수도 있기 때문입니다.

또한, 창의적인 개인들이 모여 있다고 해서 그 조직이 반드시 창의적인 성과를 내는 것은 아닙니다. 개인의 창의성과 조직의 창의성은 서로 다른 개념일 수 있습니다. 조직의 창의성은 개인의 창의성을 결합하고 이를 실행에 옮기는 능력까지 포함합니다.

따라서 조직의 창의성을 키우기 위해서는 모든 구성원이 창의적으로 생각하고 행동할 수 있는 환경을 조성하는 것이 중요합니다. 이는 단순히 창의적인 개인을 채용하는 것을 넘어, 조직의 문화, 시스템 그리고 리더십을 통해 창의성을 촉진하고 지원해야 한다는 것을 의미합니다.

결국 어떤 일을 하든, 어떤 위치에 있든 창의적이어야 하는 이유는 명확합니다. 그것은 조직 전체의 혁신과 성장을 위해 필수적이며, 변화하는 환경에 적응하고 새로운 가치를 창출하는 데 핵심적인 역할을 하기 때문입니다. 창의성은 더 이상 특정 부서나 개인의 전유물이 아닌, 모든 구성원이 갖추어야 할 필수 역량입니다.

태양의
서커스

끝없이 진화하는
조직의 창의성

CREATIVE THINKING

태양의서커스로 보는 창의적 조직 특징

태양의서커스Cirque du Soleil는 창의적 조직의 대표적인 사례로, 그들의 성공은 창의적 조직이 갖추어야 할 핵심 요소들을 잘 보여줍니다. 기 랄리베르테Guy Laliberté 공동 창업자는 자신의 꿈이 "세계 최고의 인재를 태양의서커스로 이끄는 것"이라고 밝혔습니다. 이는 창의적 인재의 중요성을 강조하며, 태양의서커스의 핵심 철학을 보여줍니다.

태양의서커스에서는 출연자들이 공연뿐 아니라 기획 단계에서도 중추적인 역할을 합니다. 이처럼 크리에이티브 씽커들이 모여, 기업 전체가 창의적인 사고를 중심으로 움직이게 되는 것이 태양의서커스의 특징입니다.

태양의서커스라는 독특한 이름은 공동 창업자 기 랄리베르테가 직접 지은 것으로, 그만의 창의적 비전을 담고 있다. 오른쪽 사진은 태양의서커스 '토룩Toruk'이다.

 태양의서커스의 성공 요인은 다음과 같습니다. 첫째, 이들은 새로운 시장을 적극적으로 개척했습니다. '아트 서커스'라는 새로운 장르를 만들어 기존 시장을 넘어서는 성장을 이뤄냈고 마침내 성공했습니다.

 둘째, 투자 수익률을 혁신적으로 높였습니다. 공연 예술 분야는 일반적으로 적자를 기록하기 쉽다는 편견을 깨고, 태양의서커스는 높은 투자 수익을 창출할 수 있음을 증명했습니다.

 셋째, 규모의 경제를 달성하여 비용을 절감했습니다. 이들은 마치 제조업처럼 효율적인 운영을 통해 비용 구조를 혁신적으로 개선했습니다.

 넷째, 독특한 인재 관리 전략을 활용했습니다. 태양의서커스는 '바텀업' 방식을 통해 인재들의 능력에서 아이디어를 찾아내어 작품을 구성하는 것으로 유명합니다.

마지막으로, 시장 변화를 민감하게 읽고 과감하게 대응했습니다. 태양의서커스는 라스베이거스 산업의 변화를 빠르게 파악하고 적절한 파트너십을 구축해 성공을 이끌어냈습니다.

태양의서커스의 최고 창조 책임자 겸 크리에이티브 가이드인 장프랑수아 부샤르Jean-François Bouchard는 "창조적인 활동을 통해 상상의 한계를 넘어서 청중을 매료시키고, 끊임없이 놀라움을 선사하고자 합니다. 혁신과 창의성은 항상 저희 쇼의 핵심이었으며, 미래의 작품들에서도 이러한 초월적 활동은 계속될 것입니다"라고 말했습니다.

창의성을 관리하려면
우선 창의성을 기울 환경을 만들어라

《하버드 비즈니스 리뷰》의 편집장 아디 이그나티우스Adi Igna-tius와의 인터뷰에서 라마르 부회장은 창의성의 중요성과 이를 기업 전략의 중심에 두는 것의 필수성을 강조했습니다. 이는 단순히 공연 예술에만 국한된 이야기가 아닙니다.

"창의성이 없으면 기업도 조직도 존재할 수 없습니다. 저는 창의성을 촉진하는 데 깊은 열정을 가지고 있습니다. 지난 수십 년 동안, 놀라운 창의성을 가진 사람들과 함께 일하며 많은 것을 배웠습니다. 태양의서커스의 창립자 기 랄리베르테, 제임스 카메론 감독, 그리고 비틀즈 멤버들과 협업하면서 제 삶과 일터에서의 가치관이 모두 바뀌었습니다. 저는 창의성을 제가 하는 모든 일의 중심에 두고 있으며, 창의성이 없으면 회사도 조직도 존재할 수 없다고 굳게 믿습니다."

태양의서커스는 창의성을 중심에 두고 모든 활동과 환경을 조성하고 있습니다. 이를 위해 창업 초기부터 창의성의 상징으로 마담 자주라는 광대를 채용해, 그녀를 조직의 정체성을 표현하는 중요한 요소로 삼았습니다. 마담 자주는 매일 직원들에게 회사의 핵심 비즈니스를 상기시키며, 창의적 사고를 지속적으로 자극하는 역할을 하고 있습니다.

여러분에게 광대를 채용하라는 뜻은 아닙니다. 다만, 여러분의 조직에서도 핵심 가치를 상징할 수 있는 올바른 상징을 찾아내어, 조직의 목적과 존재 이유를 지속적으로 상기시킬 수 있기를 제안합니다.

태양의서커스는 전통적인 위계질서가 없는 조직입니다. 새로운 공연을 제작할 때마다 모든 크리에이터와 아티스트들이 참여하는 '셀Cell(세포를 의미하는 소규모 전문 조직)'을 구성합니다. 이 과정에서 행정부서 인력은 창작 과정에 관여하지 않습니다. 이는 인사나 재무 문제가 창작 단계에서 고려되지 않기를 원하기 때문입니다.

태양의서커스 같은 조직이 얼마나 분석적인지 알면 많은 이들이 놀랄 것입니다. 태양의서커스는 매일 밤 공연이 끝난 후 관객이 보였던 반응을 확인하고, 호응이 좋지 않았던 부분이 있다면 그 동작을 제거하고 더 나은 동작으로 대체합니다. 고객의 소리에 귀 기울이는 것은 언제나 태양의서커스에게 있어 최우선 과제입니다.

이들은 직원의 목소리도 관객의 반응만큼 중요하게 여깁니다. 직원들이 자유롭게 새로운 아이디어와 제안을 내놓을 수 있는 환경을 조성하는 데 힘쓰는 이유입니다. 이는 태양의서커스가 지속적으로 노력하는 부분으로, 고객의 소리를 듣는 것뿐만 아니라 직원들의 의견을 반영하여 모두가 회사의 사명을 향해 함께 나아가도록 독려합니다.

새로운 공연을 위해 모든 구성원이 힘을 합치고, 성공의 기쁨을 함께 나누는 것이 태양의서커스의 중요한 문화로 이어져 내려오고 있습니다.

태양의서커스는 세상에서 가장 인상적인 공연 예술 기업 중

하나입니다. 그 이유는 단지 중력을 거스르는 공연 때문만은 아닙니다. 팬데믹으로 인해 라이브 공연이 갑자기 취소되었을 때, 태양의서커스는 이 시기를 활용해 비즈니스를 클라우드로 전환하며, 미래의 위기에 대비했습니다.

태양의서커스 정보기술 부사장 필립 라뤼미에르Philippe Lalumière는 "글로벌 팬데믹이 엔터테인먼트 산업에 미친 충격을 고려할 때, 신속한 방향 전환과 확장, 그리고 새로운 몰입형 팬 경험을 창출하는 역량을 확보하는 것이 그 어느 때보다 중요해졌습니다"라고 강조했습니다. 태양의서커스가 지금까지 보여준 혁신은 단지 서커스를 넘어서, 위기의 순간에서도 창의성과 기술을 통해 새로운 길을 개척할 수 있음을 여실히 증명하고 있습니다.

10

성과를 내는 조직의
크리에이티브 씽킹 전략

창의적인 조직이 되는 것은
단거리 경주가 아닌 마라톤과 같습니다.
오랜 시간 꾸준한 페이스로 추진해야 하며
중간 중간 고통스러운 순간도 찾아올 것입니다.
그렇기 때문에 창의적 조직이 되는
장기 레이스를 성공적으로 완수하려면
필수 요소를 잘 파악하고 준비해야 합니다.

지금까지 우리는 개인의 창의성에 대해 살펴보았습니다. 이제는 그 창의성을 조직 차원으로 확산시키는 구체적인 방법을 알아보겠습니다.

스웨덴의 경영학자 고란 에크발Göran Ekvall은 '창의적 조직 풍토Creative Climate'라는 경영 이론을 통해 조직의 창의성을 높이는 데 중요한 통찰을 제공했습니다. 그의 경영 이론은 발표된 지 30년이 지났지만, 여전히 현대 경영 환경에서 유효한 프레임워크로 세계적인 기업에서 활용되고 있습니다.

기억하세요. 창의적인 조직은 성과를 내는 조직이기도 합니다. 에크발이 제안한 10가지 조직문화 요소를 현대적인 관점에서 보완하고, 그 이니셜을 따서 'PROFIT-UNIT(성과를 내는 조직)'이라는 키워드로 정리했습니다.

1. 재미와 유머Playfulness & Humor

이 요소는 조직의 근무 환경에서 구성원 간의 편안함, 즉흥성, 즐거움의 정도를 의미합니다. 창의적인 조직에서는 웃음이 사라지지 않습니다. 재미와 유머는 사람들 간의 거리를 좁히고, 새로운 아이디어의 결합을 이끌어내는 강력한 힘을 가지고 있습니다. 같은 일을 하더라도 마음이 맞는 사람들과 웃고 떠들며 일하면 어려움이 덜 느껴지며, 창의적인 아이디어가 샘솟기 마련입니다. 이는 '펀 경영'과도 맥을 같이 합니다.

일본의 미라이공업未來工業은 '펀 경영'에 올인하면서도, 가족적인 분위기와 높은 효율성을 자랑하는 강소기업으로 성장했습니다. 이 회사의 직원들은 오후 4시 45분에 의무적으로 퇴근하며 잔업은 금지했습니다. 연간 휴일은 143일로 일본 상장기업 중 가장 많고, 출산휴가는 3년에 이릅니다. 정년은 70세로, 사실상 종신 고용제를 운영했습니다. 미라이공업은 5년마다 전 직원이 회사 예산으로 해외여행을 다녀옵니다.

2023년 미라이공업의 매출은 약 395억 엔, 영업이익률은 10.2%에 이릅니다. 이는 제조업에서는 보기 드문 높은 성과입니다. 미라이공업은 자사의 독특한 경영 철학과 업무 방식을 직접 체험할 수 있는 기회를 제공하기도 합니다. 이 견학 프로

그램에서는 기업의 철학, 조직 문화, 제품 제조 공정 등을 소개하며 참여자들은 미라이공업만의 혁신적인 운영 방식을 배울수 있습니다. 본사 및 공장 견학 프로그램 참가비는 1인당 5만 8,000엔으로 매우 높지만 다양한 미디어에 노출되고 입소문을 타면서 참여자가 매우 많다고 알려져 있습니다.

창업주 야마다 아키오山田昭男는 생전에 자신의 집무실에 연극 팸플릿을 매일 새롭게 붙이고, 속옷만 입고 있었던 일화로 유명합니다. 그의 경영 철학은 '인간 경영People-Oriented Management'이었습니다. 그는 "좋아하는 일, 하고 싶은 일을 발견하면 사람들은 열심히 일하며, 하기 싫어도 옆사람이 같은 돈을 받고 열심히 일하면 미안해서라도 일을 하게 된다"라고 믿었습니다.

이러한 경영 방식은 방만한 결과를 낳을 것 같지만, 직원들은 달리 움직였습니다. 미라이공업의 형광등은 각 사무실마다 직원의 이름을 적어 각자가 관리합니다. 본사에는 복사기 한 대만 있으며, 직원들은 비용 절감을 위해 프린트 대신 메모지를 사용하기도 합니다. 부장은 제비뽑기로 선출되며, 사옥 근처에서 페인트칠과 청소도 마다하지 않습니다. 이 회사는 직원 제안만으로 1만 개 이상의 특허를 보유하고 있습니다.

미국의 사우스웨스트항공Southwest Airlines 역시 대표적인 '펀 경영'을 실천하는 회사입니다. 전 회장인 허브 켈러허Herb Kelleher는 토끼 분장을 하고 출근하거나, 팔씨름으로 정책을 결정하는 등 유머와 즐거움을 통한 경영 방식을 도입했습니다. 사우스웨스트의 기장은 크리스마스 운항 중에 비행기를 일부러 흔들리게 하고, 기내방송으로 캐럴송을 부르는 등 승객들에게 유쾌한 경험을 선사했습니다.

이미 램리서치코리아Lam Research Korea와 인피닉Infiniq 같은 회사들은 최고재미책임자CFO·Chief Fun Officer를 두고 펀 경영을 본격적으로 운영했습니다. 이처럼 최고재미책임자는 조직 내에서 재미와 즐거움을 통해 창의성과 업무 효율성을 높이는 역할을 담당합니다. 앞으로 이 직책은 더욱 각광받을 가능성이 높습니다. 기업들은 창의적인 조직 문화가 성과에 직결된다는 사실을 인식하고 재미와 유머를 경영의 중요한 요소로 받아들이고 있기 때문입니다.

2. 위험 수용성Risk Taking

위험 수용성은 조직과 구성원들이 불확실성과 애매모호함을 어느 정도 수용할 수 있는지를 의미합니다. 위험 수용성이 뛰어나면 성공이 보장되지 않는 상황에서도 계획을 수립할 수 있으며, 그 과정에서 조직과 동료들의 지원을 받을 것이라고 믿는 집단적 가정이 가능해집니다.

위험 수용성이 높은 조직의 또 하나 큰 특징은 의사결정과 행동이 빠르게 이루어지며 주저함 없이 새로운 기회에 도전한다는 점입니다. 이때 행동과 노력이 정교한 조사나 분석보다 중요하게 여겨집니다.

반면에 위험 수용성이 낮은 조직에서는 새로운 시도를 실행하기 전에 정치적 상황을 분석하거나, 의사결정에 대한 책임을 회피할 방법을 먼저 찾으려 합니다. 물론 지나치게 높은 위험 수용성은 조직의 안정성을 저해하고 자원 낭비로 이어질 수 있지만, 창의적인 조직 문화를 구축하기 위해서는 적정 수준 이상의 위험 수용성이 반드시 필요합니다.

위험 수용성을 높이기 위해서는 새로운 시도에 대한 철저한 분석보다는 그 시도의 성공 가능성에 대한 대화를 촉진하는 경험을 조직 내에서 만들어야 합니다. 또한 구성원들이 실패하더라도 조직에 큰 위험이 되지 않는 안전한 영역에서 여러 가지 시도를 자유롭게 할 수 있는 환경을 조성하고 이를 플레이그라운드처럼 확장해가는 노력이 중요합니다.

3. 토론 자율성Openness to Debate

토론 자율성은 다양한 경험과 지식이 자유롭게 교환되는 정도를 의미합니다. 어두운 조명, 딱딱한 의자와 책상 그리고 최상급자가 중심에 앉고 직급순으로 도열한 미팅 분위기에서는 자유로운 토론을 하기 어렵습니다. 하나의 정답을 찾기 위해 군더더기 없는 매끈한 문장들로만 의견을 주고받는 환경 역시 창의성을 이끌어내지 못합니다.

2000년대 초반, IBM이 세계적인 회사로 도약한 비결 중 하나로 꼽히는 것이 바로 이노베이션 잼Innovation Jam입니다. '잼jam'은 평소에 함께 연주하지 않는 사람들이 모여 즉흥적으로 합주하는 것을 의미하는 음악 용어입니다. 이노베이션 잼은 IBM 직원뿐 아니라 가족, 고객, 협력사, 업계 인사 등 수십만 명이 모여 특정 주제에 대해 온라인 토론을 펼치는 행사입니다.

행사가 진행되는 동안 이노베이션 잼 웹사이트는 전 세계 수많은 사람들이 아이디어를 나누고 평가하는 '집단지성 플랫폼'으로 변모합니다. 이 플랫폼에서는 SNS처럼 '현재 뜨고 있는 잼(아이디어)'에 별(*)이 표시되며 더 많은 관심을 받는 아이디어에 집중됩니다. 이렇게 주목받은 아이디어는 수많은 사람의 참여를 통해 점점 구체화되며 결국 IBM의 신사업과 핵심 기술로 이어집니다. IBM 아이디어 잼은 오픈 이노베이션(기업 안팎을 넘나드는 아이디어에서의 혁신) 의 대표 사례로 손꼽힙니다.

4. 업무재량권Freedom

업무재량권은 구성원들이 업무 수행에서 스스로 방식을 선택하고 더 나아가 독립적인 의사결정을 할 수 있는 정도를 의미합니다.

업무재량권이 높은 조직에서는 구성원들이 자신의 업무에 주도권을 가지고 있다고 느끼며 자유롭게 정보를 주고받고 문제와 대안에 관해 활발하게 논의하게 됩니다. 또한, 구성원들은 주도적으로 판단하고 실행에 옮기게 됩니다.

만약 업무재량권이 낮다면 구성원들은 수동적으로 행동할 뿐만 아니라 규정에만 의존하고 자신만의 영역을 고수하며 안주하려는 경향이 생깁니다. 이는 조직 내에 불평과 불안감을 조장하고 정상적인 커뮤니케이션을 방해하게 됩니다.

조직 내에서 업무재량권을 높이기 위한 전통적인 방법으로 권한 위임이 있습니다. 실제로 많은 국내 기업이 권한 위임을 활용해 업무재량권을 부여하려 합니다. 그러나 그런 시도는 기대만큼 효과적이지 않을 수 있습니다. 권한 위임이란 말 속에는 여전히 구성원이 권한을 부여하는 사람의 통제 안에 있다는 의미가 있기 때문입니다.

업무재량권을 효과적으로 높이기 위해서는 사람에게 권한을 부여하는 것에서 벗어나 각 업무 역할의 고유 '도메인', 즉 특정한 책임 영역과 업무 범위를 명확히 규정하는 것이 필요합니다. 도메인은 비록 작은 부분일지라도 독립적인 권한을 가지고 수행되어야 합니다. 이를 바탕으로 조직과 리더는 각 역할의 도메인을 점차적으로 확장해 나가는 노력이 필요합니다.

업무재량권을 가장 혁신적으로 적용한 기업으로 넷플릭스를 들 수 있습니다. 넷플릭스는 실무자가 실무를 결정하며 그에 따른 책임도 함께 집니다. 넷플릭스의 성공에는 조직 구성원 개개인의 높은 업무재량권이 크게 기여했음을 부인할 수 없습니다.

5. 아이디어 지원Idea Support

아이디어 지원이란 새로운 아이디어가 상사나 동료들에게 긍정적으로 평가받고 실제로 적용되는 정도를 의미합니다.

아이디어 지원이 높은 조직에서는 구성원들이 다른 사람의 아이디어에 집중하고, 이를 긍정적으로 발전시킬 수 있는 방안을 함께 모색하려고 합니다. 반면, 아이디어 지원의 정도가 낮은 조직에서는 "무조건 안 된다"는 조직 정서가 만들어지고, 구성원들은 모든 아이디어나 제안에 대해 먼저 안 되는 이유를 찾으려 합니다.

아이디어 지원은 "우리 조직의 사람들은 언제나 새로운 아이디어에 깊은 관심을 가지고 있다"는 집단 가정을 기반으로 합니다. 이러한 집단 가정을 만들어간다는 것은 구성원들의 아이디어가 조직 차원에서 얼마나 수용되는지의 문제로만 국한되지 않습니다. 또한, 아이디어 게시판이나 아이디어 포상 제도와 같은 피상적인 제도들이 존재하는지의 문제도 아닙니다.

사람들은 일상생활 속에서 크고 작은 아이디어를 떠올리며, 대부분의 아이디어는 머릿속에 잠시 머물다 사라집니다. 하지만 가끔 그 순간에 옆에 있는 사람에게 가볍게 아이디어를 이야기하게 되는 경우가 있는데, 만일 그때 상대방이 충분한 호기심을 보인다면 우리는 자신도 모르게 그 아이디어에 더 몰입하게 됩니다.

중요한 것은 얼마나 많은 아이디어가 채택되고 실행되었는지, 또는 그 아이디어를 제공한 개인이 어떤 보상을 받았는지가 아닙니다. 결과적으로 실현되지 않더라도, 자신의 작은 아이디어가 사람들의 관심을 통해 확장되거나 평가되는 경험이 창의적인 조직 문화를 조성하는 집단 가정을 만들어가는 데 중요한 역할을 합니다.

6. 도전 수용성Trust & Adaptability

도전 수용성은 구성원들이 실패에 대한 두려움 없이 새로운 생각과 시도를 할 수 있는 감정적 안정감의 정도를 의미합니다.

도전 수용성이 높은 조직에서는 구성원들이 부정적인 피드백에 두려워하지 않고 새로운 아이디어와 의견을 적극적으로 제시하며 이를 행동으로 옮길 수 있습니다. 특히 새로운 도전을 실행하는 과정에서 개방적이고 직접적인 소통이 이뤄지면 도전의 부담과 리스크를 최소화하고 성과에 대한 성취감을 조직 전체가 공유할 수 있습니다.

반면, 도전 수용성이 낮은 조직에서는 구성원들이 서로를 경계하거나 실패에 대한 두려움을 지나치게 가지게 됩니다. 이로 인해 새로운 도전을 실행하더라도 그 과정에서 자신의 아이디어가 이용당할까 염려하게 되고 결국 필수적인 소통조차 이루어지지 않아 아이디어가 실패하는 경우가 많아집니다.

도전 수용성을 높이는 방법은 단순히 "실패해도 괜찮다"라는 실패 용인의 정서를 만드는 것이 아닙니다. 역설적이지만, 오히려 "실패에 대한 책임은 자신이 진다"는 적극적인 의식을 만들어가는 것이 더 효과적입니다. 실패를 통해 일시적으로 불이익을 감수해야 할 수는 있지만, 그 실패에서 얻은 학습과 경험이 다음 단계의 새로운 기회나 성장으로 이어질 것이라는 집단 가정이 핵심입니다.

또한 우리 조직 내에서 제안되는 어떠한 의견이나 시도가 물리적이거나 정서적 불이익을 초래하지 않는다는 심리적 안정감도 전제되어야 합니다. 이는 심리적 안정감이 바탕이 된 조직 문화에서 도전 수용성이 자연스럽게 형성될 수 있기 때문입니다.

7. 업무 소유 의식Unconditional Ownership

구성원들이 조직을 마치 자신의 회사처럼 생각하고 자신의 업무를 진심으로 내 일이라고 느끼며 조직의 목표를 실현하기 위해 몰입하는 것을 말합니다.

업무 소유 의식을 단순히 '주인의식'을 가져야 한다는 식으로 해석해서는 안 됩니다. 진정한 업무 소유 의식은 주인의식을 강조할 때가 아니라 구성원 각자가 자신이 현재 하고 있는 일이 가치 있고 의미 있다는 느낌을 받을 수 있을 때 시작됩니다. 이를 위해서는 조직의 목적성을 명확히 하고 이것이 구성원들의 일상 업무에서 느끼는 가치감과 연결될 수 있도록 구체화하는 것이 필요합니다. 또한 구성원 개개인이 하고 있는 일상의 업무들에 있어서도 그 업무가 고객과 회사 그리고 동료들에게 어떤 긍정적인 영향력을 가져오는 일인지를 구체화하고 적극적으로 소통하는 것이 중요합니다.

8. 갈등Negation

갈등은 조직 내에서 발생하는 개인적·관계적·감성적 긴장의 정도를 의미합니다. 갈등은 단기적으로 불편함을 야기할 수 있지만, 이 불편함을 얼마나 창의적으로 해소하는지에 따라 조직의 창의성이 결정됩니다. 만약 불편함이 단순히 불편함으로 끝나면 조직의 성과는 하락하지만, 불편함이 가져오는 불안정성 속에서 새로운 가능성을 발견할 수 있다면 조직의 창의성은 한 단계 도약할 수 있습니다.

인종, 성별, 종교, 학력 등 다양성을 증진하고자 하는 노력은 갈등을 일으키는 대표적인 예시입니다. 비슷한 성별, 국적, 학력, 전공을 가진 사람들로 조직을 구성하면 효율성은 높아질 수 있지만, 창의성은 그만큼 제한될 수밖에 없습니다. 나와 다른 사람이 어떻게 생각하고 행동하는지를 한 팀 내에서 마주할 때 자연스럽게 갈등이 생기고 이를 창의적인 마찰로 승화시켜야 크리에이티브 씽킹이 조직 내에서 활발하게 이루어집니다.

창의적인 조직이 되는 것은 단거리 경주가 아닌 마라톤과 같습니다. 오랜 시간 꾸준한 페이스로 추진해야 하며 중간중간 고통스러운 순간도 찾아올 것입니다. 그렇기 때문에 창의적 조직이 되는 장기 레이스를 성공적으로 완수하려면 필수 요소를 잘 파악하고 준비해야 합니다.

요약하자면 긴 호흡과 적절한 환경 및 인프라, 최고경영진의 지원 그리고 중간관리자의 변화 주도가 필요합니다. 필요하다면 외부의 도움을 받는 것도 고려해야 하며 기존 평가 틀로 쉽게 재단하지 않는 인내심과 경주 끝에 달성할 목표에 대한 명확한 합의가 반드시 선행되어야 합니다.

9. 아이디어 시간Idea Time

구성원들이 새로운 아이디어를 개발하거나 발전시키는 데 할애할 수 있는 실질적인 여유의 정도를 의미합니다. 구글과 같은 선도 기업이 업무 시간의 일정 부분을 자유롭게 활용하도록 하는 것과 일맥상통합니다. 조직의 모든 구성원이 직무기술서에 쓰여 있는 것처럼 한 방향으로만 쳇바퀴 돌듯이 달리면 창의성의 씨앗은 사라지고 오로지 효율성만이 지배하는 조직이 남게 됩니다.

구성원들이 심적인 여유를 가질 수 있는 방법은 다양합니다. 예를 들어 명상 공간을 마련하여 직원들이 잠시 업무에서 벗어나 마음을 정리할 수 있는 시간을 제공할 수 있습니다. 또한 유연근무제를 도입하여 직원들이 자신의 업무 리듬에 맞춰 일할 수 있도록 하는 것도 좋은 방법입니다. 이는 개인의 생산성과 창의성을 높이는 데 도움이 됩니다.

업무 외 충분한 시간과 공간을 제공하는 방법으로는 '창의의 날'을 지정하여 정기적으로 직원들이 자유롭게 아이디어를 탐구하고 발전시킬 수 있는 시간을 마련할 수 있습니다. 예를 들어 매월 마지막 금요일을 '아이디어의 날'로 지정하고, 이날 직원들은 자신의 관심 분야나 회사의 발전을 위한 아이디어를 자유롭게 탐구하고 발표할 수 있습니다. 또한 사내 동아리 활동을 장려하고 지원하여 직원들이 업무 외에도 다양한 관심사를 공유하고 발전시킬 수 있는 기회를 제공할 수 있습니다.

이와 더불어 직원들의 창의성을 자극하기 위해 다양한 분야의 전문가를 초청하여 정기적인 강연회나 워크숍을 개최하는 것도 좋은 방법입니다. 이를 통해 직원들은 새로운 지식과 아이디어에 노출되어 자신의 사고를 확장할 수 있습니다. 또한, 회사 차원에서 직원들의 자기계발을 위한 교육비를 지원하거나, 안식 기간 제도를 도입하여 일정 기간 동안 업무에서 벗어나 자신을 돌아보고 새로운 아이디어를 탐구할 수 있는 기회를 제공하는 것도 고려해볼 만합니다.

이러한 아이디어 시간의 제공은 단순히 직원들의 만족도를 높이는 것을 넘어서 조직의 혁신과 성장을 위한 필수적인 요소입니다. 구성원들이 일상적인 업무에서 벗어나 새로운 시각으로 문제를 바라보고 해결책을 모색할 때, 진정한 혁신이 일어날 수 있습니다. 따라서 조직은 구성원들에게 충분한 아이디어 시간을 제공함으로써 창의성과 혁신을 촉진하고 장기적인 경쟁력을 확보할 수 있음을 인식해야 합니다.

10. 조직 역동성Thrust & Traction

조직 역동성은 조직 전반에 활력이 넘치고 새로운 변화에 대한 긍정적 에너지를 얼마나 가지고 있는지를 의미합니다.

조직 역동성이 높은 조직의 구성원들은 조직에서 새로운 일들이 날마다 일어나고 있으며, 모든 일들이 빠르게 진행되고 있다고 느낍니다. 또한 조직 내에서 사람들이 생각하는 것과 행동하는 것 간에 발생하는 긍정적인 마찰이 많다는 점을 바람직한 현상으로 인식합니다.

반면, 조직 역동성이 낮은 조직에서는 구성원들이 늘 같은 업무를 반복하고, 모든 것이 항상 같은 방식으로 진행되며, 변화도 매우 느리게 이루어진다고 느낍니다.

일반적으로 빠르게 성장하는 스타트업은 조직 역동성이 높고, 성장이 정체된 전통적인 대기업은 역동성이 낮을 것이라고 생각합니다. 하지만 이는 절반만 맞는 이야기입니다. 대기업은 성장 정체로 인해 역동성이 낮다고 여겨지지만, 내부적으로 변화와 혁신을 통해 충분히 역동성을 가질 수 있습니다. 반면, 스타트업도 빠르게 성장하면서 역동적일 때가 많지만, 항상 그런 것은 아니며 정체되거나 일정한 구조를 유지할 때도 있습니다.

조직 역동성에 대한 집단적 인식은 조직이 얼마나 강력한 목적성을 조직 전반에 걸쳐 소통하고 있는가에 달려 있습니다. 또한, 조직의 목적을 실현하기 위해 이루어지는 크고 작은 성취들이 얼마나 실시간으로 공유되며 이를 모두 함께 축하하고 있는지에 따라 조직의 역동성은 달라집니다.

창의력도 공부하면 늡니다
크리에이티브 씽킹의 기술

초판 1쇄 발행 2024년 11월 21일

지은이 정병익
펴낸이 성의현
펴낸곳 미래의창

출판 신고 2019년 10월 28일 제2019-000291호
주소 서울시 마포구 잔다리로 62-1 미래의창빌딩(서교동 376-15, 5층)
전화 070-8693-1719 **팩스** 0507-0301-1585
홈페이지 www.miraebook.co.kr
ISBN 979-11-93638-51-4 (03300)

※ 책값은 뒤표지에 표기되어 있습니다.